Kinderspiele

Sabine Fritz

Compact Verlag

Vorwort

Was benötigt man für einen lustigen Spielenachmittag? Eigentlich gar nicht viel: weder Sonne noch besonders viel Platz und erst recht keine teuren Hilfsmittel. Das Einzige, das man wirklich braucht, ist ein richtig gutes Spiel!

In diesem Buch sind über 120 spannende Spiele zu finden, an denen Kinder auf der ganzen Welt ihren Spaß haben. Die Sammlung beinhaltet Spiele für drinnen und draußen, für kluge Köpfe und schnelle Beine, für jüngere und ältere Kinder. Egal ob ihr allein seid oder in einer großen Gruppe – ihr werdet sicher das passende Spiel finden, mit dem die Zeit im Nu verfliegt!

Damit die Spielfreude nicht getrübt wird, sollten die älteren Kinder auf ihre jüngeren Freunde Rücksicht nehmen. Das bedeutet: Teilt euch gerecht in Teams auf und räumt vorab alle gefährlichen Gegenstände aus dem Weg. Bälle dürfen nur so fest geworfen werden, dass die Treffer nicht weh tun! Wenn ihr das alles beachtet, steht dem lustigen Spielenachmittag wirklich nichts mehr im Wege. Viel Spaß dabei!

Bisher sind in dieser Reihe erschienen:

Reime und Gedichte für Kinder, Kinderlieder und Basteln für Kinder

© 2009 Compact Verlag München
Alle Rechte vorbehalten. Nachdruck, auch auszugsweise,
nur mit ausdrücklicher Genehmigung des Verlages gestattet.
Text: Sabine Fritz
Chefredaktion: Dr. Angela Sendlinger
Redaktion: Anna Häring
Produktion: Wolfram Friedrich
Illustrationen: Doris Oppenauer
Titelillustration: Doris Oppenauer
Gestaltung: EKH Werbeagentur GbR
Umschlaggestaltung: EKH Werbeagentur GbR

ISBN 978-3-8174-6915-4
5469151

Besuchen Sie uns im Internet: www.compactverlag.de

Inhalt

Inhalt

Fang- und Versteckspiele

Der Fuchs geht um

Fangspiel für drinnen und draußen

ab 5 Jahren

Spieler: 6–15

Dieses Spiel ist so einfach, dass sogar jüngere Kinder mitspielen können. Sie müssen nur flink wie ein Fuchs sein!

Vorbereitung:
Für dieses Spiel benötigt ihr ein kleines Stofftuch.

Und so gehts:
Zu Beginn des Spiels wird ein Fuchs ausgewählt. Dabei hilft dieser Abzählreim: „Ene mene mucks, du bist der nächste Fuchs!"

Derjenige, den es trifft, ist der Fuchs. Die anderen bilden einen Kreis und setzen sich so hin, dass sie in die Mitte schauen. Der Fuchs nimmt das Stofftuch in die Hand und bleibt außerhalb des Kreises stehen.

Nun geht es los: Die Kinder im Kreis schließen die Augen und rufen gemeinsam: „Der Fuchs geht um, der Fuchs geht um, es geht ein wildes Tier herum! Der Fuchs macht HALT!" Währenddessen läuft der Fuchs außen um den Kreis herum. Sobald die Kinder jedoch „HALT" rufen, muss er das Tuch unauffällig hinter einem Mitspieler fallen lassen.

Nun zählt jede Sekunde: Die Spieler öffnen die Augen und drehen sich blitzschnell um. Derjenige, hinter dem der Fuchs das Tuch abgelegt hat, wird zum Jäger. Er schnappt sich das Tuch und versucht, den Fuchs zu fangen. Dieser muss auf seiner Flucht einmal den Kreis umlaufen. Kommt er wieder an dem leeren Platz an, auf dem zuvor der Jäger saß, darf er sich dort hinsetzen. Sofort geht das Spiel von vorn los und der Jäger wird zum neuen Fuchs.

Gelingt es dem Jäger jedoch, den Fuchs zu fangen, darf er wieder an seinen Platz zurückkehren. Der Fuchs muss dann noch einmal versuchen, sich einen Platz im Kreis zu erkämpfen.

Kettenfangen

Beim Kettenfangen kann sogar die ganze Schulklasse mitmachen. Je mehr Kinder allerdings teilnehmen oder je älter die Mitspieler sind, desto mehr Platz braucht ihr.

Vorbereitung:
Legt zuerst ein Spielfeld fest. Zeichnet die Seitenlinien mit Kreide auf den Asphalt oder markiert die Ecken des Spielfelds mit vier Gegenständen (zum Beispiel mit Schulranzen).

Und so gehts:
Mit dem Abzählreim „Ich und du, Müllers Kuh, Müllers Esel, das bist du!" wird ein Fänger bestimmt. Er stellt sich in eine Ecke des Spielfelds. Alle anderen Kinder versammeln sich in der gegenüberliegenden Ecke.

„Eins, zwei, los!" Wenn der Fänger dieses Kommando gibt, stürmt er in Richtung seiner Mitspieler. Diese müssen schnell weglaufen, bevor er sie erreichen und berühren kann.

Wichtig ist, dass sich alle immer innerhalb des Spielfelds bewegen. Keiner darf hinter die Begrenzung flüchten. Wird ein Kind vom Fänger abgeklatscht oder überschreitet es die Spielfeldlinie, muss es sich an der Jagd auf die Mitspieler beteiligen.

Dabei laufen der Fänger und sein Gefangener Hand in Hand. Jeder weitere Mitspieler, der von dem Team abgeklatscht wird, schließt sich der Kette links oder rechts außen an. Wer der Kette am längsten entkommen kann, hat gewonnen!

Fangspiel für draußen und die Sporthalle

ab 5 Jahren

Spieler: mindestens 10

Fang die Klapperschlange!

Fangen und gleichzeitig schnell weglaufen – bei diesem Spiel müsst ihr gleich beide Herausforderungen bewältigen.

Vorbereitung:
Besorgt zwei lange Wollschals.

Und so gehts:
Stellt euch der Größe nach an einer Linie auf. Nun tritt das kleinste Kind einen Schritt vor, das zweitkleinste einen Schritt zurück und das drittkleinste macht wieder einen Schritt nach vorn. So geht es im Wechsel, bis sich zwei Gruppen gebildet haben.

Alle Spieler eines Teams drehen sich jetzt in die Richtung des kleinsten Kindes. Dabei fasst jeder dem Vordermann auf die Schulter. Dann nehmen die beiden Klapperschlangen nebeneinander Aufstellung.

Der jeweils letzte Spieler der Schlange bindet sich den Schal locker um die Hüften: Das ist der Schwanz der Klapperschlange. Wichtig ist, dass der Schal nicht verknotet wird und sich mit einem kräftigen Ruck lösen lässt.

Achtung, fertig, los! Die beiden kleinsten Kinder am Kopf der Schlange machen Jagd auf den Schwanz des anderen Teams. Die Schlusslichter passen auf, dass der Gegner nicht den Schal zu fassen bekommt.

Alle Teampartner dazwischen haben eine schwierige Aufgabe: Sie dürfen einander nicht loslassen! Falls eine Schlange trotzdem auseinanderreißt, weil zwei Kinder sich nicht gut genug festgehalten haben, verliert die Schlange einen der beiden Spieler.

Sieger ist das Team, dessen Kopf zuerst den Schwanz der anderen Mannschaft in den Händen hält.

Wer hat Angst vor dem großen grünen Krokodil?

Ihr habt nur wenig Platz zur Verfügung? Kein Problem! Für dieses Spiel braucht man nur ein kleines Spielfeld.

Vorbereitung:
Legt zuerst eine Start- und eine Ziellinie fest. Die Linien müssen so lang sein, dass sich alle Kinder daran nebeneinander aufstellen können.

Und so gehts:
Zählt aus, wer die Rolle des gefräßigen Krokodils übernimmt: „Lirum, larum, Löffelstiel, wer das nicht kann, der kann nicht viel, lirum, larum, leck und du bist weg!"

Das Kind, das gewählt wurde, stellt sich hinter die Ziellinie. Ihm gegenüber nehmen die anderen Kinder hinter der Startlinie Aufstellung.

Nun ruft das Krokodil: „Wer hat Angst vor dem großen grünen Krokodil?" Alle anderen brüllen zurück: „Niemand!"

Das Krokodil fragt wieder: „Und wenn es trotzdem kommt?" Die Antwort der Mitspieler: „Dann rennen wir davon!" Kaum haben die Kinder diese Worte gerufen, rennen sie los. Sie müssen, so schnell es geht, die Ziellinie auf der anderen Seite überqueren. Das Krokodil kommt ihnen von der anderen Seite aus entgegen.

Jedes Kind, das das Krokodil abklatschen kann, muss zurück hinter die Startlinie. Haben alle Gejagten die sichere Zone hinter der Ziellinie erreicht, geht das Krokodil auf die andere Seite zu seinen Gefangenen. Zusammen versuchen sie, in der nächsten Runde noch mehr Kinder zu fangen.

Das Spiel geht so lange, bis nur noch ein Gejagter übrig bleibt. Dieser ist Sieger und darf im nächsten Spiel das Krokodil sein.

Fangspiel für draußen und die Sporthalle

ab 5 Jahren

Spieler: 6–20

9

Schnapp die Maus!

Fangspiel für drinnen und draußen

ab 5 Jahren

Spieler: 8–15

Besonders viel Vergnügen bereitet die Mäusejagd, wenn unterschiedlich große Kinder mitspielen.

Und so gehts:
In der ersten Runde ist der Jüngste von euch die Maus. Die Katze lässt sich schnell mit dem Reim „Ene mene muh und raus bist du!" finden.

Die anderen Kinder fassen sich an den Händen und bilden einen möglichst großen Kreis. Während die Maus in die Mitte schlüpft, bleibt die Katze außerhalb und bittet ganz laut: „Mäuschen, Mäuschen, trau dich raus!" Das Mäuschen im Kreis antwortet ängstlich: „Oh nein – das wäre mir ein Graus!" Wieder ruft die Katze: „Dann fang ich dich in deinem Haus!"

Damit ist die Jagd auf die Maus eröffnet. Die Katze versucht, in den Kreis zu gelangen und die Maus zu

fangen. Doch das kleine Nagetier bekommt Hilfe von den anderen Kindern. Die Mitspieler versuchen, Schlupflöcher immer dort zu schließen, wo die Katze gerade hindurchwill. Sie können dafür enger zusammenrücken oder ihre Arme als Schranke einsetzen. Nur einander loslassen dürfen sie nicht.

Außerdem müssen die Kinder darauf achten, dass der Kreis immer gleich groß bleibt. Wenn zwei Mitspieler an einer Stelle näher aneinanderrücken, wird irgendwo anders im Kreis die Lücke entsprechend größer.

Schafft es die Katze, das Mäuschen an der Schulter abzuklatschen – egal ob im Kreis oder von außerhalb – ist das Spiel vorbei. Wollt ihr weitermachen? Dann lasst die Katze zwei neue Mitspieler aussuchen.

Marco Polo

Dieses Spiel spielt ihr am besten in einem Schwimmbecken, in dem ihr mindestens zehn Schwimmzüge machen könnt. Das Wasser sollte nicht zu tief sein, sodass alle Mitspieler gut darin stehen können. Trotzdem dürfen nur Kinder mitmachen, die schon schwimmen gelernt haben.

Vorbereitung:
Besorgt ein Tuch, mit dem man die Augen verbinden kann. Und vergesst nicht, euch im Freibad vor dem Spielbeginn mit Sonnenschutz einzucremen.

Und so gehts:
Macht ein Wettschwimmen! Der Gewinner ist Marco Polo. Ihm werden die Augen verbunden und er muss sich in die Mitte des Beckens stellen. Um ihn herum bilden die Mitspieler einen Kreis.

Den Startschuss für die Wasserschlacht gibt der Jäger selbst mit dem Schlachtruf: „Marco Polo erobert die Welt!" Für die anderen Kinder heißt das: Schnell das Weite suchen! Sie dürfen wegschwimmen oder -laufen, aber nicht tauchen.

Marco Polo versucht indessen, seine Mitspieler einzufangen. Da er nichts sehen kann, muss er die Ohren spitzen. Platschgeräusche sind gute Hinweise darauf, wo ein Kind stehen könnte. Außerdem darf der Jäger, wann immer er will, laut „Marco!" rufen. Die Mitspieler müssen dann mit „Polo!" antworten.

Jeder, der von Marco Polo berührt wird, muss aus dem Becken steigen und den Jäger beim Fangen unterstützen. Die Hilfe erfolgt vom Beckenrand aus durch Zurufe. So weiß Marco Polo, in welche Richtung er sich bewegen muss. Sieger ist der, der zuletzt gefangen wird.

Fangspiel im Schwimmbad

ab 8 Jahren

Spieler: 3–30

Der Kaiser schickt seine Soldaten aus

Fangspiel für draußen und die Sporthalle

ab 8 Jahren

Spieler: 8–20

„Der Kaiser schickt seine Soldaten aus" ist ein besonders nerven-aufreibendes Fangspiel. Nur wer flinke Beine hat, wird seinem Team zum Sieg verhelfen.

Und so gehts:
Bildet zwei Teams. Dazu stellen sich alle Mitspieler ihrem Alter entsprechend an einer Linie auf. So beginnt die Reihe mit dem jüngsten Kind und endet mit dem ältesten.

Der Jüngste von euch macht nun einen Schritt nach vorn, sein Nebenmann bleibt stehen, der nächste geht wieder einen Schritt vor. Nachdem sich so zwei Gruppen gebildet haben, geht das vordere Team gemeinsam 30 große Schritte vorwärts und dreht sich dann um. Somit stehen sich die gegnerischen Soldaten aufgereiht an zwei Linien gegenüber.

Jetzt muss in jeder Gruppe noch ein Kaiser gefunden werden. In der ersten Runde sind das die jeweils ältesten Mitspieler. Der Jüngere der beiden fängt an. Er überlegt sich, welches Kind aus seinem Team er als Erstes in den Wettkampf schicken will. Hat er sich zum Beispiel für einen Mitspieler namens Tom entschieden, ruft er für alle gut hörbar: „Der Kaiser schickt seine Soldaten aus und er schickt Tom!"

Schnell läuft Tom über das Spielfeld zur gegnerischen Linie. Dort strecken ihm die Mitspieler ihre rechten Hände entgegen. Tom läuft entlang dieser Linie und sucht sich drei Hände aus, die er abklatscht. Kaum ist das dritte Kind abgeklatscht, muss der entsandte Soldat blitzschnell den Rückzug antreten! Gejagt wird er dabei von demjenigen, den er zuletzt berührt hat.

Wird Tom von seinem Jäger gefasst, bevor er die eigene Linie überquert hat, muss er sich dem Gegner anschließen. Falls ihn der andere Soldat aber nicht fangen kann, wechselt der Rivale in Toms Team.

Danach geht es mit dem gegnerischen Team weiter, das ebenfalls einen Soldaten entsendet. Das Spiel dauert so lange, bis ein Team alle Kontrahenten auf seine Seite gebracht hat.

Folgende Regeln gilt es noch zu beachten:

• Die entsandten Kinder können sich selbst aussuchen, von welcher Seite aus sie die Reihe des Gegners ablaufen. Es ist klug, mal von der einen Seite und mal von der anderen Seite aus zu beginnen.

• Sind nur noch drei oder weniger Spieler in einer Mannschaft, muss der Gegner nur noch einen statt drei Soldaten abklatschen. Dieser ist dann der Jäger.

• Der Kaiser kann sich erst zum Schluss, wenn er keine Soldaten mehr hat, selbst entsenden. Das gilt auch fürs Abklatschen. Das gekrönte Haupt ist stets der Letzte, der auf die Jagd geht.

Flöhe klauen

Beim „Flöhe klauen" kämpft jeder gegen jeden. Wer schnell und wendig ist, hat gute Chancen auf den Sieg.

Vorbereitung:

Pro Mitspieler braucht ihr zwei Wäscheklammern als Flöhe. Alle Kinder werden jetzt zu „Clochards". So nennen die Franzosen ihre Landstreicher.

Jeder Spieler befestigt seine Klammern an der Kleidung. Dabei sollte eine oberhalb des Bauchnabels (zum Beispiel an T-Shirt oder Jacke) befestigt werden und eine unterhalb (zum Beispiel an Rock oder Hose).

Und so gehts:

Es geht nicht darum, die Flöhe loszuwerden, sondern vielmehr darum, sie zu fangen!

Bestimmt zuerst eine Spielfläche und bildet Zweier- oder Dreiergruppen. Jede Gruppe sucht sich einen freien Platz auf dem Feld. Die Spieler stellen sich Rücken an Rücken, gehen in die Hocke und schließen die Augen.

Das Kind mit der lautesten Stimme kräht nun wie ein Hahn: „Kikeriki!" Mit diesem Ruf werden alle Clochards aufgeweckt und müssen schnell auf die Beine kommen. Die Jagd hat begonnen!

Jedes Kind versucht, die Wäscheklammern der Mitspieler zu stehlen. Kann ein Clochard dem Gegner eine Klammer abluchsen, heftet er sich den Floh gut sichtbar an die Kleidung.

Diejenigen, denen alle Klammern gestohlen wurden, scheiden aus. Wer am Ende alle Klammern besitzt, ist der Flohkönig! Spielen mehr als fünf Kinder mit, sollte die Spielzeit auf zehn Minuten begrenzt werden. Dann gewinnt der, der in dieser Zeit die meisten Klammern sammeln konnte.

Krankenfangen

Dieses Spiel erfordert nicht nur Geschick, sondern bereitet auch den Zuschauern großes Vergnügen!

Und so gehts:
Macht ein Wettrennen. Der Sieger ist der Jäger. Das Spielfeld sollte quadratisch und ungefähr so groß wie ein Klassenzimmer sein. Grundsätzlich gilt: Je mehr Kinder mitmachen, desto mehr Platz braucht ihr!

Anfangs verteilen sich alle Kinder über das Feld, nur der Jäger steht außerhalb. Er umläuft das Feld und treibt seine Mitspieler von einer Ecke zur anderen, bis ihm der Moment für einen Überraschungsangriff günstig scheint. Dann stürmt er auf die Spielfläche. Die Kinder müssen nun schnell weglaufen und aufpassen, dass der Jäger sie nicht berührt.

Jedem Spieler, den der Jäger zu fassen kriegt, wird die weitere Flucht erschwert! Er muss nämlich eine Hand auf die Körperstelle legen, an der er abgeklatscht wurde. Je nachdem hält er sich nun wie ein Kranker seinen Arm, den Kopf oder vielleicht auch das Bein, sodass er nur noch humpelnd weiterlaufen kann. Der Fänger versucht natürlich, mit Absicht genau die Körperstellen zu treffen, die die Flucht deutlich schwerer machen!

Alle Kinder, die bereits ein Handicap haben und erneut abgeklatscht werden, scheiden aus. Der Jäger darf ein Kind aber nicht zweimal hintereinander berühren.

Nach einem erfolgreichen Fangversuch muss er wenn möglich erst einmal Jagd auf andere Spieler machen. Das letzte Kind, das noch auf dem Spielfeld steht, ist der Gewinner.

Fangspiel für draußen und die Sporthalle

ab 6 Jahren

Spieler: 4–20

Kaiser, Kaiser, welche Fahne weht heute?

Fangspiel für draußen und die Sporthalle

ab 6 Jahren

Spieler: 6–30

Bei diesem Spiel geht es um die Farbe eurer Bekleidung.

Vorbereitung:
Prüft die Kleidung aller Mitspieler. Jeder sollte mindestens drei unterschiedliche Farben am Körper tragen. Wer will, kann sich noch einen bunten Schal oder Gürtel umbinden.

Und so gehts:
Zählt die Farben eurer Kleidungsstücke. In die Rolle des Kaisers schlüpft derjenige, der am buntesten angezogen ist. Alle anderen Kinder sind seine Untertanen. Legt ein Spielfeld fest und markiert mit ein paar Steinen eine Start- und eine Ziellinie.

Die Kinder stellen sich hinter der Startlinie auf, der Kaiser steht ihnen gegenüber an der Ziellinie. Die Kinder rufen ihm zu: „Kaiser, Kaiser, welche Fahne weht heute?"

Der Kaiser überlegt sich eine Farbe und wählt zum Beispiel Grün. Er antwortet den Untertanen entsprechend: „Heute weht Grün!" Alle Kinder, die ein grünes Kleidungsstück tragen, laufen nun los. Der Kaiser kommt ihnen entgegen und versucht, sie zu fangen.

Wer keine grüne Kleidung trägt, ist vor dem Kaiser sicher und darf zur anderen Seite schlendern. Die Untertanen, die vor der Ziellinie abgeklatscht werden, müssen zurück zum Start. Beim nächsten Durchgang gehen sie gemeinsam mit dem Kaiser auf die Jagd. Dann wird eine neue Farbe ausgerufen.

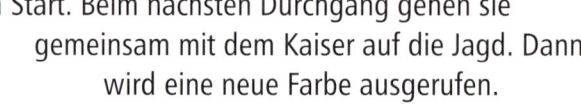

Zum nächsten Kaiser gekrönt wird der Untertan, der am längsten fliehen konnte. Übrigens zählen bei gemusterter Kleidung sämtliche Farben, die im Muster zu finden sind.

Der blinde Kommissar

Bei dieser Ganovenjagd braucht ihr schnelle Beine und ein gutes Gedächtnis.

Vorbereitung:
Für dieses Spiel benötigt ihr einen Schal oder ein großes Tuch.

Und so gehts:
Findet einen Kommissar, der sich mutig den Schurken entgegenstellt. Dabei hilft euch dieser Abzählreim: „Ene mene meck und du bist weg!"

Bis auf den Kommissar stellen sich alle Kinder an einer Linie auf. Der Kommissar schreitet die Reihe ab und zählt dabei laut durch. Der erste Spieler erhält die Nummer eins, der nächste ist die Zwei und so weiter.

Sowohl die Spieler als auch der Kommissar merken sich gut, wem welche Nummer zugeteilt wurde. Nun fassen sich die Kinder an den Händen und bilden einen Kreis. Der Kommissar steht in der Mitte und prägt sich ein letztes Mal die Mitspieler, Nummern und Positionen ein. Dann werden ihm die Augen verbunden.

Die Jagd beginnt, indem der Kommissar zwei Nummern aufruft, zum Beispiel: „Nummer drei und Nummer acht – ihr seid verhaftet!" Die beiden Spieler mit den Nummern drei und acht versuchen

nun, leise innerhalb des Kreises ihre Plätze zu tauschen, ohne vom Kommissar gefasst zu werden. Dieser ist zwar blind, weiß aber, wo die beiden Ganoven stehen.

Gelingt der Platztausch und ist der Kreis wieder geschlossen, rufen die beiden Spieler laut „Fertig!". Wer gefasst wurde, muss den Kreis verlassen.

Bleiben nur noch fünf Ganoven übrig, darf der Kommissar unter den verbliebenen Mitspielern seinen Nachfolger bestimmen.

Fangspiel für drinnen und draußen

ab 8 Jahren

Spieler: 10–20

Verstecken

Vorab müsst ihr festlegen, wie groß die Spielfläche ist und wo die Grenzen liegen. Natürlich sollte es in diesem Gebiet genügend Verstecke geben.

Und so gehts:
Zum Verstecken braucht ihr ein Spielfeld mit einem „Zuhause" – das kann eine Wand sein, ein Zaun oder ein Baum. Alle Kinder versammeln sich an diesem festgelegten Punkt. Nun müsst ihr nur noch entscheiden, wer von euch als Jäger auf die Suche gehen soll.

Falls sich niemand freiwillig meldet, übernimmt die Rolle derjenige, der als Nächster Geburtstag hat. Dieser Spieler dreht den anderen den Rücken zu,

schließt die Augen und ruft: „Eins, zwei, drei, vier, Eckstein, alles muss versteckt sein! Vor mir und neben mir, das gilt nicht. Aufgepasst, ich komme!"

Die anderen Spieler haben so lange Zeit, ein Versteck zu finden, bis der Reim zu Ende gesprochen ist. Danach beginnt die Suche. Wenn der Jäger ein Kind entdeckt, rennt er schnell wieder zu seinem „Zuhause". Dieses berührt er und sagt laut und für alle hörbar, wen er gefunden hat und wo sich der entdeckte Spieler versteckt hält.

Stimmt diese Ansage, muss das Kind aus seinem Schlupfloch kommen und sich an der Suche beteiligen. Derjenige, der erst am Schluss gefunden wird, ist der neue Jäger.

Macht Platz für den König!

Gefahr ist im Anmarsch und der König hält auf ganz leisen Sohlen Ausschau nach einem guten Versteck.

Vorbereitung:
Der König braucht ein Zepter! Wenn ihr keinen Stab findet, dann nehmt einen Kochlöffel!

Und so gehts:
Bestimmt einen König. Dieser lässt sich mit seinem Zepter irgendwo auf der vorher festgelegten Spielfläche nieder. Er schließt die Augen, hält sich die Hände vors Gesicht und klagt gut hörbar: „Ein König bin ich, auf der Flucht, der nur ein ruhiges Plätzchen sucht. Drum seid so gut und nehmt mich auf. Eins, zwei, drei, ich komme!"

Währenddessen verstecken sich alle Kinder gut. Der König begibt sich nun auf die Suche, geht dabei aber ganz leise vor. Wenn er einen Untertanen gefunden hat, übergibt er ihm still sein Zepter.

Jetzt werden die Rollen und Positionen getauscht. Das bedeutet: Der König übernimmt das Versteck und der gefundene Spieler das Zepter. Er schlüpft in die Rolle des Königs und muss ein anderes Kind finden und aus seinem Versteck verscheuchen.

So geht das Spiel immer weiter, bis ein Untertan zum zweiten Mal gefunden wird. Nachdem dieser Spieler laut „Entdeckt!" gerufen hat, darf sich der König nicht mehr in diesem Schlupfloch verstecken und muss seine Suche fortsetzen. Der ausgeschiedene Spieler verlässt indessen die Spielzone.

Es gewinnt derjenige, der sich am längsten vor dem König verstecken kann.

Versteckspiel für drinnen und draußen

ab 8 Jahren

Spieler: 5–15

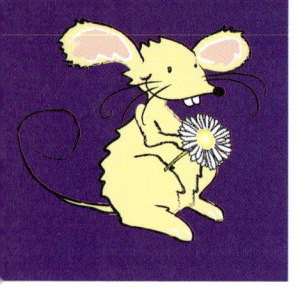

Räuber und Gendarm

Versteck- und Fangspiel für draußen

ab 8 Jahren

Spieler: 3–15

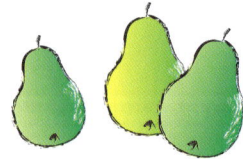

Früher wurde ein Polizist in manchen Gegenden Gendarm genannt, in Österreich ist das sogar noch heute so. Doch egal, wo man „Räuber und Gendarm" spielt, eines gilt überall: Man braucht viel Platz im Freien und vor allem viele Möglichkeiten zum Verstecken.

Vorbereitung:
Vorab wird das Gebiet festgelegt, in dem man sich verstecken darf. Wenn es mehr als zehn Mitspieler gibt, sollte das Gebiet größer sein. Dann ist es auch besser, einen Spielleiter zu bestimmen. Er behält alle Kinder im Auge und sorgt dafür, dass keines die vereinbarte Spielfläche verlässt.

Als Nächstes müsst ihr ein „Gefängnis" einrichten. Breitet dafür eine alte Wolldecke auf dem Boden aus.

Falls ihr keine Decke habt, könnt ihr auch eine entsprechend große Fläche mit Gegenständen markieren.

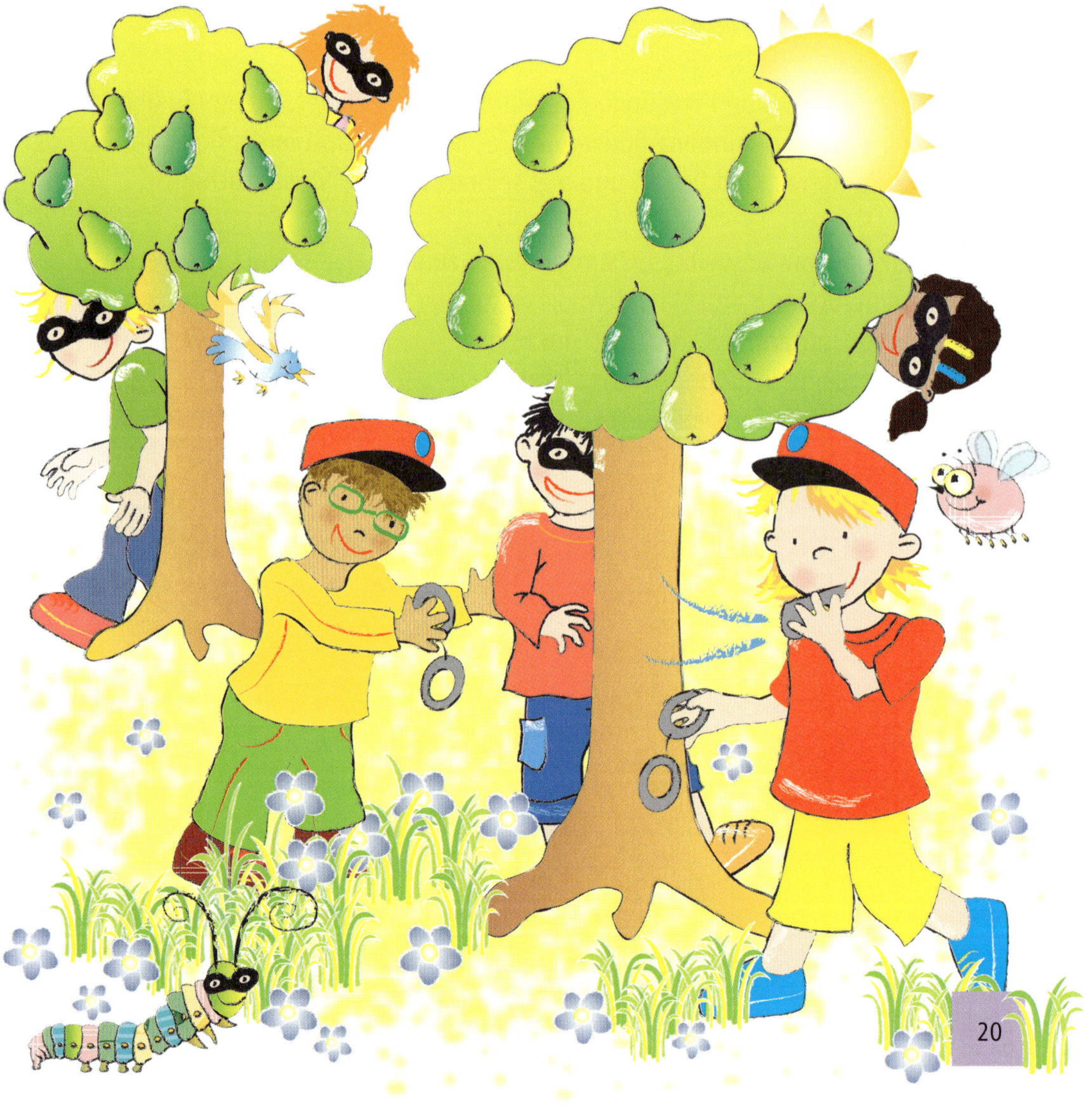

Und so gehts:

Ihr könnt selbst bestimmen, wie viele Gendarme auf Räuberjagd gehen. Am spannendsten ist das Spiel jedoch, wenn jedes dritte Kind diese Rolle übernimmt. Bei drei Mitspielern sollten es also zwei Räuber und ein Gendarm sein. Spielen 15 Kinder mit, kann die Gruppe in zehn Diebe und fünf Gendarme aufgeteilt werden. Wichtig ist nur, dass die Gendarme nicht in der Überzahl sind.

Um festzulegen, wer als böser Räuber die Flucht antritt, hilft der Abzählreim: „Eine kleine Mickymaus zog sich mal die Hose aus, zog sie wieder an und du bist dran!" Sind die Gruppen eingeteilt, versammeln sich die Gendarme im Gefängnis. Mit dem Rücken nach außen bilden sie einen Kreis. Die Räuber umzingeln das Gefängnis.

Dann geht das Versteckspiel los: Die Gendarme zählen mit geschlossenen Augen gemeinsam laut bis 20. In dieser Zeit laufen die Diebe los und verstecken sich gut. Sind die Polizisten mit dem Zählen fertig, schwärmen sie aus. Zuerst einmal müssen sie die Räuber in ihren Verstecken finden. Wird ein Halunke entdeckt, versucht der Polizist, ihn festzunehmen.

Gelingt es ihm, einen Räuber am Arm zu packen, muss sich dieser ohne Widerstand ins Gefängnis abführen lassen. Läuft der Räuber jedoch schnell genug davon, ohne dass ihn der Jäger richtig greifen kann, bleibt der Bösewicht

in Freiheit. Im besten Fall kann er sich, nachdem er seinen Verfolger abgeschüttelt hat, noch einmal unbeobachtet verstecken. Er kommt erst dann ins Gefängnis, wenn ihn ein Gendarm einfängt.

Die Jagd dauert so lange, bis alle Räuber im Gefängnis sitzen.

Abwandlung:

Um die Aufgabe für die Gendarmen schwieriger zu gestalten, ist es den Räubern erlaubt, sich gegenseitig zu befreien.

Wird ein Dieb von seinem Jäger gefasst und abgeführt, kann ein anderer Räuber ihn durch eine Berührung befreien. Allerdings muss der Befreier schnell genug wieder das Weite suchen, sonst landet er am Ende selbst „hinter Gittern"!

Finstermäuschen

Versteckspiel für drinnen

ab 10 Jahren

Spieler: 4–8

„Finstermäuschen" wird im Dunkeln gespielt. Ihr müsst also bis zum Abend warten oder einen Raum finden, der sich komplett abdunkeln lässt.

Vorbereitung:
Es ist wichtig, dass ihr vor Spielbeginn alle Dinge zur Seite räumt, über die man stolpern oder an denen man sich stoßen kann.

Und so gehts:
Mit dem Reim „Eins, zwei, drei, Butter in den Brei, Salz auf den Speck und du bist weg!" lässt sich schnell ein Mitspieler bestimmen, der auf Mäusejagd gehen muss.

Der Jäger verlässt den Raum oder die Spielzone und zählt von 30 langsam abwärts. Dann ruft er laut: „Ich komme!"

Die Mitspieler haben sich zwischenzeitlich gut versteckt und sind ganz still. Die Suche beginnt: Vorsichtig tastet sich der Fänger vorwärts. Er muss sich dabei ganz auf seine Sinne verlassen. Hört er jemanden atmen? Kann er etwas riechen? Schnell wird der Mäusejäger feststellen, dass man auch ohne Licht erahnen kann, ob sich jemand in der Nähe befindet.

Wenn ein Spieler gefunden wird, muss der Jäger durch Abtasten erraten, wer vor ihm steht. Liegt er richtig, scheidet der Gefundene aus und verlässt auf leisen Sohlen die Spielzone.

Irrt sich der Jäger, sagt das Mäuschen: „Pieps". Dann muss der Jäger laut bis 20 zählen. Sein Mitspieler hat währenddessen die Gelegenheit, ein neues Versteck zu finden.

Gewonnen hat das Mäuschen, das als Letztes gefunden wird.

Bewegungsspiele

Kaiser, Kaiser, wie viele Schritte darf ich gehen?

**Bewegungsspiel
für drinnen
und draußen**

ab 6 Jahren

Spieler: 3–10

Im Mittelpunkt des Spiels steht der Kaiser, der so lange wie möglich auf dem Thron bleiben möchte.

Vorbereitung:
Für dieses Spiel benötigt ihr einen Stuhl oder einen kleinen Hocker als Thron.

Und so gehts:
Markiert zuerst in einem Abstand von mindestes 30 großen Schritten die Start- und die Ziellinie. Stellt den Thron genau in die Mitte der Ziellinie. Derjenige, der die meisten Buchstaben im Namen hat, darf sich als Erster auf den Thron setzen.

Alle anderen Mitspieler stellen sich ihm gegenüber hinter der Startlinie auf. Das erste Kind in der Reihe fragt nun laut: „Kaiser, Kaiser, wie viele Schritte darf ich gehen?"

Der Kaiser denkt sich eine Zahl zwischen eins und fünf aus und bestimmt außerdem, wie sich sein Gegenüber fortbewegen darf. Er könnte zum Beispiel fünf Hüpfer auf einem Bein, einen Pferdchensprung, drei Schritte auf Zehenspitzen oder zwei halbe Drehungen vorwärts fordern.

Hat der Untertan den Befehl ausgeführt, ist der Nächste an der Reihe. Haben sich alle vorwärtsbewegt, beginnt eine weitere Runde nach demselben Prinzip.

Dem Kaiser ist daran gelegen, dass die Untertanen möglichst lange brauchen, um das Ziel zu erreichen. Er darf sich aber keine Rückwärtsbewegungen wünschen und muss bei der Anzahl der Schritte abwechselnde Ansagen machen.

Derjenige, der es zuerst über die Linie schafft, verscheucht den Kaiser von seinem Thron und das Spiel kann von Neuem beginnen.

24

Ochs am Berge, eins, zwei, drei!

Bewegungsspiel

ab 6 Jahren

Spieler: 3–10

Für dieses Spiel benötigt man kein breites, aber ein langes Spielfeld. Zwischen der Startlinie und dem Ziel sollten mindestens 15 Meter liegen.

Vorbereitung:
Zeichnet mit Kreide eine Startlinie auf. Ihr könnt aber auch die Endpunkte der Linie durch zwei Gegenstände markieren. Um den Zielpunkt zu bestimmen, geht ihr von der Mitte der Startlinie aus mindestens 50 große Schritte vorwärts.

Und so gehts:
Zählt aus, wer von euch der Ochse ist: „Ene mene Hühnermist, du der neue Ochse bist!"

Der Ochse stellt sich mit dem Rücken zu den anderen Kindern auf den festgesetzten Zielpunkt. Die Mitspieler stellen sich an der Startlinie auf. Nun ruft der Ochse laut und schnell: „Ochs am Berge, eins, zwei, drei!"

Während dieser Worte laufen die Mitspieler in Richtung Zielpunkt los. Aber Achtung! Bei drei müssen alle zum Stehen kommen und in ihrer Position erstarrt ausharren.

Kaum hat der Ochse seinen Spruch gesagt, dreht er sich schnell um und prüft, ob wirklich alle Kinder rechtzeitig stehen geblieben sind. Diejenigen, die sich noch bewegen, werden vom Ochsen zur Startlinie zurückgeschickt.

Die anderen Spieler dürfen stehen bleiben und in der nächsten Runde weiter in Richtung Ziel stürmen. Dazu muss sich der Ochse wieder umdrehen und sein Sprüchlein aufsagen.

Das Spiel ist zu Ende, wenn einer der Spieler den Ochsen erreicht und ihn berührt hat. Er löst den Ochsen damit ab und der Spaß kann von vorn losgehen.

Tierisches Wettrennen

Beim tierischen Wettrennen haben kleinere Kinder einen Vorteil, denn sie sind flinker und gelenkiger!

Und so gehts:
Teilt euch in zwei gleich große Teams auf. Bei einer ungeraden Anzahl von Mitspielern darf in der kleineren Mannschaft ein Kind zweimal zum Staffellauf antreten.

Zieht eine Startlinie und bestimmt in etwa 15 Metern Entfernung einen Wendepunkt, um den man herumlaufen kann. Das kann ein Baum, eine Regentonne oder ein Stuhl sein.

Beide Mannschaften stellen sich hintereinander an der Startlinie auf. Dann gibt einer von euch mit einem Pfiff das Startkommando.

Die beiden ersten Spieler laufen los und versuchen, möglichst schnell um den Wendepunkt herumzulaufen und zu ihren Teams zurückzukehren. Da dies aber ein tierischer Staffellauf ist, müssen sie sich auf besondere Weise fortbewegen!

- Die ersten beiden Spieler hüpfen wie die Kängurus.
- Die Nächsten bewegen sich wie Giraffen auf allen vieren fort und recken dabei den Kopf nach oben.
- Jetzt sind die Flamingos dran: Sie hüpfen auf einem Bein und winkeln dabei die Arme an.
- Achtung, gefährliche Schlangen sind unterwegs! Diese Kinder müssen kriechen.
- Dann kommen die Frösche, die in gehockter Haltung vorwärtsspringen.
- Die Pfaue, die eifrig ihr Rad schlagen, sind zuletzt an der Reihe.

Wenn ein Kind die Startlinie wieder überquert hat, darf der nächste Spieler aus seinem Team loslaufen. Es gewinnt die Mannschaft, die am Ende schneller war.

Tunnelwettlauf

Der Tunnelwettlauf sollte nicht auf schmutzigem Boden stattfinden. Geeigneter sind Teppich-, Holz- oder Kunststoffböden. Aber auch ein Sandstrand ist ideal.

Und so gehts:
Bildet zwei Teams. Besonders spannend wird es, wenn die kleinen Kinder gegen die großen antreten. Beide Gruppen bilden eine Schlange, bei der sich jeweils das kleinste Kind vorn befindet und das größte das Schlusslicht ist. Bei ungerader Spielerzahl bekommen die „Großen" den zusätzlichen Spieler ins Team.

Beide Schlangen nehmen nebeneinander Aufstellung. Achtet darauf, dass vor den Schlangen genügend Platz ist. Nun fassen alle Kinder dem Vordermann an die Schulter und grätschen die Beine.

Der größte Spieler startet den Tunnelwettlauf mit den Worten „Achtung, fertig, los!". Jetzt gehen die beiden letzten Kinder jeder Reihe schnell in die Knie und kriechen zwischen den Beinen der Mitspieler von hinten nach vorn durch.

Wer den Anfang der Schlange erreicht hat, stellt sich vor das erste Kind. Dieses legt ihm von hinten die Hände um die Hüften und ruft „Weiter!". Das ist wiederum der Startschuss für die letzten Spieler in den Reihen. Sie dürfen sich als Nächstes auf den Weg von hinten durch den Tunnel machen.

Haben alle Spieler den Tunnel einmal passiert, ist das Spiel zu Ende. Es gewinnt das Team, das am schnellsten wieder in der ursprünglichen Reihenfolge steht.

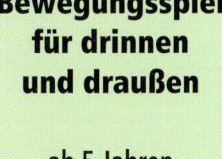

Jetzt schlägts 13!

Bewegungsspiel

ab 8 Jahren

Spieler: 8–15

Bei diesem Spiel gibt es keine Gewinner. Dafür werdet ihr aber sicher viel zu lachen haben!

Vorbereitung:
Unter den Mitspielern werden verschiedene Rollen verteilt. Wählt einen Glöckner, einen Pfarrer, eine Witwe, einen Wirt, einen Bäcker, zwei Chorknaben und einen Vorleser. Wer keine Rolle übernimmt, der zählt zur Gemeinde.

Außerdem benötigt jedes Kind einen Stuhl. Die Anordnung der Hocker sollte wie in einer Kirche sein: Der Pfarrer sitzt der Gemeinde gegenüber. Zu seiner Linken nehmen die Chorknaben, zur Rechten Glöckner und Vorleser Platz.

Und so gehts:
Der Vorleser gibt langsam die auf Seite 29 aufgeführte Geschichte wieder. Wann immer eine Person erwähnt wird, muss der entsprechende Mitspieler von seinem Platz aufspringen, einmal um den Stuhl laufen und sich wieder setzen.

Wird das Wort „Gemeinde" vorgelesen, laufen sämtliche Spieler außer dem Pfarrer um ihre Sitzplätze. Beim Wort „beten" fallen alle auf die Knie. Der Vorleser ist von allen Aktionen befreit.

Und hier die Geschichte:

An einem schönen Sonntag trat der PFARRER vor seine GEMEINDE und sprach: „Liebe GEMEINDE! Gerne möchte ich verkünden, dass die Frau des BÄCKERS gestern einem neuen Erdenbürger das Leben geschenkt hat. Ihm zu Ehren soll der GLÖCKNER heute einmal die Glocke läuten und der CHOR möge ein Halleluja singen. Danach lasset uns BETEN."

Während der CHOR sein Lied anstimmte, eilte der dicke, hässliche GLÖCKNER den Turm hinauf und läutete die Glocke. Kaum war der CHOR verstummt, meldete sich der WIRT zu Wort: „Lieber Herr PFARRER, unser BÄCKER ist solch ein frommer Bürger. Wäre es nicht angemessen, zur Geburt seines Kindes die Glocke zweimal schlagen zu lassen?"

Der PFARRER dachte nach und sprach: „Nun gut. GLÖCKNER, läute noch einmal die Glocke. Währenddessen kann der CHOR unsere GEMEINDE mit einem weiteren Lied erfreuen."

Der GLÖCKNER erklomm ein weiteres Mal schnaubend den Turm. Als er zurückkehrte, erhob sich die WITWE und sprach: „Verehrter Herr PFARRER, der BÄCKER und die Frau des BÄCKERS sind sehr hilfsbereite Mitglieder unserer GEMEINDE. Wäre es vielleicht möglich, die Glocke ein weiteres Mal zu läuten, um unser aller Dankbarkeit zu zeigen?"

Der PFARRER sah ein, dass die WITWE recht hatte, und erwiderte: „So soll es sein." Und während der arme GLÖCKNER ein drittes Mal zum Läuten geschickt wurde, begann der PFARRER – unterstützt von seiner GEMEINDE – zu BETEN.

Nach dem BETEN war es der BÄCKER, der zaghaft das Wort ergriff und sagte: „Verehrter PFARRER, lieber WIRT und liebe WITWE, ich danke für eure freundlichen Worte. Gerne würde ich aber verkünden, dass meine Frau gestern Zwillingen das Leben geschenkt hat. Deshalb möchte ich fragen, ob Ihr auch mein anderes Kind mit einem Glockenschlag begrüßen könnt?"

Der GLÖCKNER stand auf und schleppte sich keuchend zur Turmtreppe. Dort klappte er plötzlich zusammen und tat keinen Wank mehr. Die GEMEINDE hielt entsetzt den Atem an, einige begannen, still zu BETEN, während die Knaben im CHOR entsetzt aufschrien.

Schließlich war es die WITWE, die zuerst zum GLÖCKNER eilte und ihm die Wange tätschelte. Der arme Wicht schlug daraufhin tatsächlich die Augen auf und erblickte die WITWE. Da war's um beide geschehen.

Die WITWE schloss den GLÖCKNER, der vom vielen Laufen schon ganz dünn geworden war, in ihre Arme. Daraufhin trällerte der CHOR ein Halleluja, in das die GEMEINDE laut einstimmte. Und wenn sie nicht gestorben sind, dann BETEN sie noch heute!

Fischer, Fischer, wie tief ist das Wasser?

Bei diesem Spiel müsst ihr nicht nur schnell sein, sondern euch auch geschickt und wendig bewegen.

Und so gehts:
Bestimmt ein Spielfeld mit Start- und Ziellinie. Wählt nun den Fischer mithilfe des Abzählreims „Durch mein Haus läuft eine Maus, erst tripp, dann trapp, und du bist ab!"

Der Fischer stellt sich auf die Ziellinie. Seine Mitspieler begeben sich hinter die Startlinie und rufen im Chor: „Fischer, Fischer, wie tief ist das Wasser?" Ihr Gegenüber antwortet daraufhin: „Zehn Meter tief!"

Die Kinder fragen wieder: „Und wie kommen wir da rüber?" Der Fischer denkt sich eine lustige Art der Fort-

bewegung aus und ruft zum Beispiel: „Ihr hüpft auf einem Bein!" Damit sind alle Fische aufgefordert, auf einem Bein in Richtung Ziellinie zu hüpfen. Doch Achtung: Der Fischer muss sich auf die gleiche Weise fortbewegen!

Hüpfend kommt er seinen Mitspielern entgegen und versucht, sie zu fangen. Alle, die er vor der Ziellinie berühren kann, müssen beim nächsten Durchgang mit auf Beutefang gehen. Diejenigen, die es ins Ziel geschafft haben, stellen sich an der Ziellinie auf und fragen erneut: „Fischer, Fischer, wie tief ist das Wasser?"

Wieder muss sich der Fischer eine Bewegung ausdenken. Hier einige Vorschläge: krabbeln, kriechen, wie eine Spinne gehen – lasst eurer Fantasie freien Lauf!

Das Spiel geht so lange, bis nur noch ein Fisch frei ist. Dieses Kind ist der Gewinner und wird der nächste Fischer.

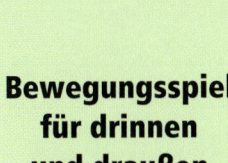

Das Orchester

Bewegungsspiel für drinnen und draußen

ab 5 Jahren

Spieler: 5–10

Ihr müsst leise sein und habt nur wenig Platz zur Verfügung? Kein Problem! „Das Orchester" ist ein geräuschloses Spiel, das sich auch auf engstem Raum spielen lässt!

Und so gehts:
Wählt zuerst mithilfe des Abzählreims „Wille, wolle, walle, die Maus sitzt in der Falle, sie wurd' gelockt mit feinem Speck, und du bist weg!" einen Kommissar.

Dieser stellt sich mit dem Rücken zu den anderen ins Abseits, schließt die Augen und hält sich die Ohren zu. Seine Mitspieler bilden währenddessen einen Kreis. Durch Gesten einigen sie sich auf ein Kind, das als Dirigent ab sofort das Kommando hat.

Der Dirigent tut nun so, als würde er ein Instrument spielen. Er kann zum Beispiel pantomimisch einen Flötenspieler darstellen. Seine Mitspieler tun es ihm gleich. Auf ein Zeichen des Dirigenten rufen alle Kinder: „Herr Kommissar, das Konzert hat begonnen."

Der Kommissar begibt sich in die Mitte des Kreises und beobachtet das Orchester. Nach einer Weile überlegt sich der Dirigent unauffällig ein anderes Instrument. Die Mitspieler schließen sich ihm sofort an.

Der Kommissar versucht herauszufinden, welcher Spieler im Orchester den Ton angibt. Deshalb beobachtet er die Augen der anderen Kinder. Zu wem schauen sie? Wer ist stets der Erste, der das neue Instrument spielt?

Egal ob Klavier, Geige, Schlagzeug oder Harfe – sobald das Orchester dreimal die Instrumente gewechselt hat, muss der Kommissar einen Tipp abgeben.

Liegt er richtig, wird der Dirigent zum neuen Kommissar. Hat er falsch geraten, muss er in der nächsten Runde sein Glück versuchen.

Hahnenkampf

Ihr habt Lust auf ein lustiges Spiel, seid aber nur zu zweit? Kein Problem, dann liefert euch doch einen Hahnenkampf. Allerdings sollten nur Kinder gegeneinander antreten, die in etwa die gleiche Körpergröße haben.

Und so gehts:
Markiert eine quadratische Spielfläche, deren Seiten jeweils ungefähr zehn Schritte lang sind. Die beiden Kontrahenten gehen in die Mitte des Feldes und stellen sich auf ein Bein. Ihre Arme verschränken sie vor der Brust.

Stehen beide Kinder sicher in dieser Haltung, geht der Kampf los. Jeder versucht nun, den anderen durch Stupsen und kleine Rempler aus dem Gleichgewicht zu bringen, ohne selbst ins Wanken zu geraten. Verboten sind aber Angriffe, bei denen Kraft eingesetzt wird. Nur das Geschick zählt!

Verloren hat derjenige, der zuerst sein Gleichgewicht verliert, das Spielfeld verlässt oder mit dem zweiten Bein aufsetzen muss.

Raupenrennen

Beim Raupenrennen kriechen die Teams auf allen vieren. Deshalb sollte der Boden, auf dem ihr euch fortbewegt, etwas weicher und vor allem nicht schmutzig sein!

Und so gehts:
Das Raupenrennen ist eine Art Wettlauf. Ihr braucht dafür einen Startpunkt und eine etwas weiter entfernt liegende Zielgerade. Geht zum Start und teilt euch dort in zwei Teams auf. Jede Mannschaft sollte gleich groß sein und zwischen sechs und zehn Mitglieder haben. Wenn noch mehr Kinder mitmachen wollen, bildet einfach weitere Teams.

Die Mitglieder einer Gruppe stellen sich hintereinander in einer Reihe auf. Dann knien sich alle Spieler hin, beugen sich nach vorn und umfassen die Fußgelenke ihres jeweiligen Vordermanns.

Sind alle Teams startklar, kommt das Kommando des ältesten Kindes: „Eins, zwei, los!" Wie Raupen kämpfen sich die Kinder nun Meter für Meter Richtung Ziel vorwärts. Wenn aber ein Spieler die Füße des Vordermannes loslässt, muss die gesamte Mannschaft zurück zum Start.

Es siegt die Raupe, die zuerst vollständig die Ziellinie überquert hat.

Bewegungsspiel für drinnen und draußen

ab 5 Jahren

Spieler: 10–50

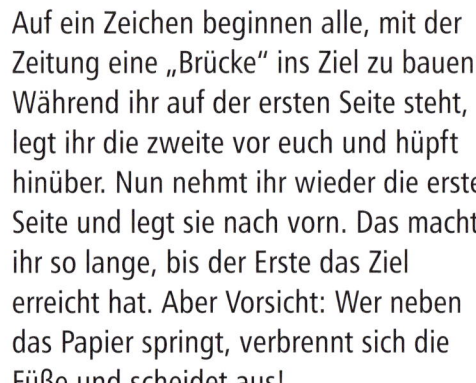

Heiße Füße!

Bei diesem Spiel gilt: Wer kommt zuerst ins Ziel, ohne sich die Sohlen zu verbrennen?

Vorbereitung:
Jeder Mitspieler erhält zwei in der Mitte gefaltete Doppelseiten einer alten Zeitung.

Und so gehts:
Markiert vor Spielbeginn eine Start- und eine Ziellinie. Der Abstand zwischen den Linien sollte so groß sein, dass 30 aneinandergelegte Zeitungsseiten dazwischenpassen.

Alle Spieler legen eine Zeitungsseite an die Startlinie und stellen sich auf das Papier. Die andere Seite behält jeder vorerst in der Hand.

Auf ein Zeichen beginnen alle, mit der Zeitung eine „Brücke" ins Ziel zu bauen: Während ihr auf der ersten Seite steht, legt ihr die zweite vor euch und hüpft hinüber. Nun nehmt ihr wieder die erste Seite und legt sie nach vorn. Das macht ihr so lange, bis der Erste das Ziel erreicht hat. Aber Vorsicht: Wer neben das Papier springt, verbrennt sich die Füße und scheidet aus!

Abwandlung:
Es können auch Teams gegeneinander spielen. Dafür stellen sich die Mitglieder der Mannschaften hintereinander auf. Jeder steht nach wie vor auf einer Zeitungsseite. Nur die letzten Spieler haben eine zweite.

Will das Team vorwärtskommen, muss der letzte Spieler die Zeitung nach vorn durchreichen. Das erste Kind legt sie vor sich ab. Nun springen alle gleichzeitig vorwärts, sodass jeder auf der Seite des Vordermanns landet.

Dadurch wird am Ende der Schlange eine Zeitung frei. Mit ihr kann der Brückenbau fortgesetzt werden.

Seilspringen

Schon seit Jahrhunderten nutzt man Seile für Freizeitspiele oder als Sportgeräte. Es gibt so viele Spielvarianten, dass es nie langweilig wird.

Vorbereitung:
Beim klassischen Seilspringen treten die Mitspieler gegeneinander an. Jedes Kind benötigt ein dünnes Sprungseil. Um die passende Länge herauszufinden, stellt ihr euch auf die Mitte des Seils und zieht die Enden nach oben. Das Seil muss auf beiden Seiten bis unter die Arme reichen!

Und so gehts:
Nehmt je ein Seilende fest in die Hand und winkelt die Arme zur Seite an. Steigt dann über das Seil. Jetzt steht ihr optimal, um es mit einer geschmeidigen Bewegung über den Kopf nach vorn zu schwingen. Achtet darauf, dass die Unterarme möglichst gleichförmig ausholen, während die Oberarme nahe am Körper bleiben. Wichtig ist auch, dass die Sprünge flüssig durchgeführt werden – das Seil muss immer in Bewegung sein.

Der Wettbewerb geht über drei Runden. In der ersten Runde springt ihr von einem Bein ab über das Seil und setzt mit dem anderen Bein auf. In der zweiten Runde versucht ihr, mit beiden Beinen gleichzeitig abzuspringen. In der letzten Runde dürft ihr nur auf einem Bein übers Seil hüpfen. Das andere bleibt die ganze Zeit angewinkelt. Passt auf, dass ihr nicht aus dem Gleichgewicht kommt!

In jeder Runde wird gezählt, wie oft ein Spieler über das Seil springen kann. Die Ergebnisse werden zusammengerechnet und somit wird der Sieger ermittelt.

Wenn ihr richtig gute Seilspringer seid, könnt ihr in einer vierten Runde das Seil sogar rückwärtsschwingen. Das erfordert aber viel Geschick!

**Bewegungsspiel
für drinnen
und draußen**

ab 6 Jahren

Spieler: 1–3

Seilschwingen

Während beim klassischen Seilspringen in der Regel immer nur ein Spieler an der Reihe ist, können beim Seilschwingen auch mehrere Kinder mitmachen.

Vorbereitung:
Für dieses Spiel benötigt ihr ein Seil, das mindestens drei Meter lang ist. Ist es etwas dicker, lässt es sich besser schwingen.

Und so gehts:
Zwei Spieler nehmen je ein Seilende und gehen so weit auseinander, bis das Seil gespannt ist. Dann machen sie wieder einen Schritt aufeinander zu.

Nun schwingen sie das Seil in kreisförmigen Bewegungen in die gleiche Richtung. Dabei sollte das Seil nach jedem Schwung abwärts ganz leicht den Boden berühren.

Das dritte Kind wartet auf einen Aufwärtsschwung und läuft dann schnell zwischen seine Mitspieler. Sobald das Seil wieder nach unten geschlagen wird, muss das Kind in der Mitte einen Sprung machen. Jetzt zählen die Schwinger laut mit, wie oft es dem Springer gelingt, über das Seil zu hüpfen.

Bleibt er am Seil hängen, wird gewechselt. Wer am Ende die meisten Sprünge geschafft hat, ist der Sieger.

Ihr könnt auch den Schwierigkeitsgrad erhöhen, indem sich zwei Kinder als Team in die Mitte stellen und gleichzeitig über das Seil springen.

Seilziehen

Beim Seilziehen ist es wichtig, dass der Wettstreit auf weichem Boden ausgetragen wird.

Vorbereitung:
Besorgt ein Halstuch und ein dickeres Seil. Dieses sollte je nach Spielerzahl vier bis sechs Meter lang sein. Bevor es losgeht, müsst ihr das Halstuch am Seil anbringen. Bindet es genau um die Mitte!

Und so gehts:
Zieht im Abstand von vier Schritten zwei Linien. Legt dann das Seil ganz gerade auf den Boden, sodass es beide Linien durchkreuzt. Das Tuch muss exakt in der Mitte dazwischenliegen.

Teilt euch gleichmäßig in zwei Teams auf. Die stärksten Spieler jeder Mannschaft schnappen sich jeweils ein Seilende. Alle anderen Teammitglieder reihen sich davor auf und umfassen ebenfalls das Seil.

Nun kann das Kräftemessen beginnen! Beide Mannschaften versuchen, so kräftig am Seil zu ziehen, dass das andere Team nicht mehr dagegenhalten kann. Doch eins ist natürlich klar: Nachgeben will keiner.

Entscheidend ist das Halstuch. Wenn es einem Team gelingt, das Tuch in seine Richtung und über die Linie zu ziehen, hat es gewonnen.

Bewegungsspiel für draußen

ab 10 Jahren

Spieler: 4–10

Flohtanz

Beim Flohtanz wird ein Seil direkt über den Boden geschwungen. Ein ebener Untergrund ist dabei von Vorteil.

Vorbereitung:
Für den Flohtanz braucht ihr ein Seil von ungefähr zwei Metern Länge.

Und so gehts:
Sucht ein Kind aus, das mit dem Seil die Flöhe tanzen lässt. Dabei hilft der Abzählreim: „Eine blinde Kuh hat die Augen zu, kann gar nichts sehn und du musst gehn!"

Der ausgewählte Spieler nimmt ein Seilende in die Hand. Alle anderen bilden um ihn herum einen Kreis. Sie sind die Flöhe!

Nun muss sich das Kind in der Mitte um die eigene Achse drehen. Das Seil dreht sich wie der Zeiger einer Uhr entsprechend mit. Wichtig ist, dass das freie Ende des Seils immer leichten Kontakt mit dem Boden hat.

Die Flöhe müssen gut aufpassen! Sobald sich das Seil nähert, heißt es: springen!

Wer zu spät springt und sich im Seil verheddert, scheidet aus und muss das Kind in der Mitte ablösen.

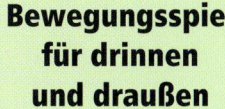

Gummitwist

Gummitwist ist ein ideales Spiel für drei: Zwei Kinder spannen das Gummiband, während das dritte springt.

Vorbereitung:
Besorgt ein Gummiband, das mindestens drei Meter lang ist, und verknotet die Enden miteinander.

Und so gehts:
Zwei Spieler stehen sich mit leicht gegrätschten Beinen gegenüber. Mit dem Gummiband um die Fußgelenke gehen beide so weit zurück, dass das Band gespannt ist. Es gibt mehrere Schwierigkeitsstufen:

- Leicht: Das Band ist um die Fußgelenke gespannt.
- Mittel: Das Band ist um die Knie gespannt.
- Schwer: Das Band ist um die Oberschenkel gespannt.

Schafft jemand diese drei Stufen, stellen die Kinder, die das Seil spannen, ihr Füße enger zusammen. Los geht es mit der leichten Stufe! Der dritte Spieler muss nacheinander folgende Sprünge absolvieren:

1. Einspringen: Ein Bein wird zwischen die beiden Gummibänder gesetzt, das andere bleibt außerhalb.

2. Reinspringen: Der Spieler steht vollständig zwischen den Bändern.

3. Grätsche: Das Kind muss in die Grätsche springen und beide Gummibänder zwischen den Beinen haben.

4. Grätsche rückwärts: Der Spieler springt wieder zurück zwischen die Bänder.

5. Rausspringen: Der Absprung erfolgt auf beiden Beinen. Nach seiner Landung steht das Kind außerhalb.

Hat der Springer diese Abfolge gemeistert, wird das Gummiband höhergezogen. Tritt er jedoch auf das Band, kommt der Nächste an die Reihe. Jeder hat drei Versuche. Wer am weitesten kommt, ist der Gummitwist-König.

Kästchenhüpfen

Auf manchen Schulhöfen sind die Kästchen für Hüpfspiele vorgegeben. Ihr könnt euch aber auch ein eigenes Kästchen-Muster überlegen.

Vorbereitung:
Zeichnet die Kästchen zum Beispiel wie auf der Abbildung mit Kreide auf den Boden und sucht einen Stein. Die Kästchen sollten etwa zwei Fußlängen breit und hoch sein.

Und so gehts:
Das jüngste Kind beginnt. Es stellt sich vor das Spiel und wirft den Stein vorsichtig in das erste Kästchen.

Das Kästchen, auf dem der Stein liegt, wird grundsätzlich übersprungen. Der Spieler muss auf einem Bein also so weit hüpfen, dass er im zweiten Feld landet. Dann springt er einbeinig weiter auf die Drei, die Vier, die Fünf und die Sechs!

In die letzten beiden Kästchen hüpft er so, dass er mit dem linken Bein im Feld sieben und mit dem rechten im Feld acht landet. Beim nächsten Sprung macht er eine halbe Drehung.

Jetzt geht es auf einem Bein wieder zurück. Hat der Spieler das geschafft, wirft er seinen Stein in das zweite Kästchen. Dann beginnt der nächste Durchgang. Liegt der Stein in Feld sieben oder acht, muss der Springer den gesamten Durchgang auf einem Bein bestreiten.

Ein Spieler ist so lange an der Reihe, bis er auf die Markierungen tritt oder das zweite Bein aufsetzt. Sollte ein Stein das angepeilte Kästchen dreimal verfehlen, muss der Spieler aussetzen. Jeder macht an der Stelle weiter, an der ihm beim vorhergegangenen Mal der Fehler unterlaufen ist.

Das Spiel geht so lange, bis ein Kind alle acht Durchgänge fehlerfrei absolviert hat.

Ballspiele

Jägerball

Bei diesem Spiel ist es verboten, auf den Kopf eines Spielers zu zielen! Erlaubt sind nur Schüsse auf Körperteile, die unterhalb der Schultern liegen. Wer von Nahem wirft, darf das nicht mit voller Kraft tun.

Und so gehts:
Für Jägerball benötigt ihr ein großes Spielfeld, das in zwei Hälften unterteilt wird. Die Größe des Spielfelds hängt von der Anzahl der Spieler ab.

Bestimmt durch einen Abzählreim zwei Teamkapitäne, die sich abwechselnd ihre Mannschaftsmitglieder aussuchen. Achtet darauf, dass die starken und großen Kinder gleichmäßig auf beide Teams verteilt sind.

Jede Gruppe sucht sich nun eine Spielhälfte aus und versammelt sich darin. Wer beginnen darf, entscheidet eine Münze! Ein Team wählt die Kopfseite des Geldstücks, das andere die Seite mit der Zahl.

Dann wird die Münze nach oben geworfen. Die Seite, die anschließend oben liegt, entscheidet darüber, welcher Mannschaftskapitän den ersten Wurf ausführen darf.

Ziel des Spiels ist es, die Gegenspieler mit dem Ball zu treffen. Sobald ein Kind getroffen wurde, scheidet es aus.

Fängt der Spieler jedoch einen geworfenen Ball, kann er wiederum versuchen, seine Gegner abzuwerfen. Wichtig ist, dass niemand die Begrenzung des Spielfelds übertritt. Das gilt nämlich als Foul und führt bei Wiederholung dazu, dass der Spieler ausscheidet.

Das Spiel ist zu Ende, sobald eine Mannschaft keinen Feldspieler mehr hat.

Völkerball

Völkerball ist Jägerball recht ähnlich, hat aber noch einige zusätzliche Regeln. Dadurch wird die Jagd noch spannender!

Und so gehts:
Das Spielfeld sollte mindestens doppelt so lang wie breit sein. Markiert die Spielfläche und zieht eine Mittellinie. Dadurch entstehen zwei gleich große Felder.

Macht einen Weitwurfwettbewerb! Die beiden Spieler, die den Ball am weitesten werfen können, sind die Könige. Sie dürfen sich nun abwechselnd einen Mitspieler für ihr Team aussuchen. Jede Mannschaft versammelt sich in einer Spielfeldhälfte.

Der König von Team A stellt sich irgendwo außerhalb des Felds auf, in dem sich die gegnerische Mannschaft B befindet, der König von Team B macht es umgekehrt.

Der jüngste Spieler bekommt den Ball zuerst. Er versucht, ihn zu seinem König zu werfen und dabei einen gegnerischen Feldspieler zu treffen. Auch der König macht Jagd auf die Gegner und darf sich dabei entlang der Außenlinien bewegen.

Jeder Spieler, der vom Ball berührt wird und ihn nicht fangen kann, muss das Feld verlassen. Er wird selbst zum Jäger und stellt sich wie sein König an der Außenlinie des gegnerischen Spielfelds auf.

Kann ein Kind den Wurf des Gegners fangen, versucht es sofort, mit dem Ball ein Mitglied des anderen Teams abzuwerfen.

Die gegenseitige Jagd dauert so lange, bis ein Team alle Feldspieler verloren hat. Dann begibt sich der König ins Feld. Wird er dreimal getroffen, ist das Spiel für ihn und sein Team verloren.

Ballspiel für draußen und die Sporthalle

ab 8 Jahren

Spieler: 10–30

Brennball

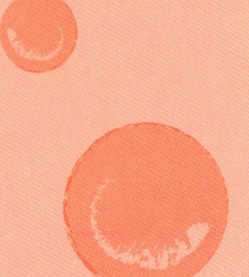

Bei diesem Spiel geht es nicht darum, den Gegner zu treffen. Gefragt ist vielmehr Schnelligkeit – deshalb ist Brennball bei Mädchen und Jungen gleichermaßen beliebt.

Vorbereitung:
Um Brennball spielen zu können, benötigt ihr fünf Matten. Ihr könnt aber auch Hula-Hoop-Reifen oder große Badetücher nehmen.

Und so gehts:
Das Spielfeld sollte quadratisch sein. Zählt am besten 30 Schritte pro Seite. Markiert mit den Matten die vier Ecken des Quadrats. Die fünfte Matte legt ihr in die Mitte als sogenanntes Brennmal.

Nun wählen der jüngste und der älteste Spieler ihre Mannschaftsmitglieder aus. Sie rufen abwechselnd einen Mitspieler auf, der zu ihrem Team gehören soll. Anschließend wird festgelegt, welche Gruppe zuerst laufen darf.

Die Läufer stellen sich hintereinander an einer der vier Matten auf. Diese Matte heißt Haus. Die Gegenspieler verteilen sich auf dem Spielfeld, wobei immer einer am Brennmal stehen muss. Das Läuferteam beginnt, indem der erste Spieler in der Schlange den Ball ins Spielfeld wirft.

Der Ball darf beliebig weit geworfen werden, muss aber innerhalb des Spielfelds aufkommen. Hat der Spieler den Wurf ausgeführt, rennt er sofort gegen den Uhrzeigersinn zur nächsten Matte. Die andere Mannschaft versucht, den Ball schnell zu fangen und auf das Brennmal zu werfen.

Erreicht der Läufer die Matte, bevor der Ball am Brennmal ankommt, bleibt er im Spiel und das nächste Kind aus seiner Mannschaft ist an der Reihe. Auch dieses läuft unmittelbar nach dem Wurf zur ersten Matte. Sein Mitstreiter, der diese bislang besetzt hielt, rennt indessen eine Matte weiter.

Falls der Ball ins Brennmal geworfen wurde, bevor ein Spieler die nächste Matte erreicht, ist dieser Läufer ausgeschieden. Je besser also die Fänger sind, desto schneller schrumpft das Team der Läufer.

Jeder, der das Spielfeld Matte für Matte einmal umlaufen hat, gewinnt einen Punkt für sein Team. Zurück im Haus stellt sich der Heimkehrer ans Ende der Schlange.

Das Spiel dauert so lange, bis eine Mannschaft keinen Läufer mehr im Haus hat, der den Ball werfen könnte. Dann wird getauscht! Die Läufer werden zu Fängern und umgekehrt.

Es gewinnt das Team, das mehr Punkte hat.

Übrigens kann es durchaus sein, dass es einem Spieler gelingt, nach einem Superwurf über mehrere Matten zu laufen. Das ist erlaubt! Die Strecke darf aber nicht abgekürzt werden. Schafft ein Läufer das Kunststück, nach einem Wurf alle vier Matten auf einmal abzulaufen, erhält er drei Punkte!

Schätzt ein Spieler den Wurf des Teamkollegen als zu schwach ein, darf er auf seiner Matte stehen bleiben. Solange er dort bleibt, kann ihm nichts passieren. Allerdings bringt das auch keine Punkte!

Es dürfen bis zu drei Kinder auf einer Matte stehen. Kommt ein viertes hinzu, muss mindestens ein Läufer die Matte wieder verlassen oder der Neuankömmling scheidet aus.

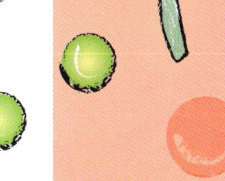

Ballspiele

Krabbelball

Ballspiel für draußen und die Sporthalle

ab 8 Jahren

Spieler: 10–20

Obwohl Krabbelball wie ein lustiges Spiel für Kleinkinder klingt, ist es ganz schön anstrengend!

Vorbereitung:
Für dieses Spiel benötigt ihr zwei kleine Tore. Stehen euch keine zur Verfügung, markiert die Pfosten in einem Abstand von etwa zwei Metern mit Schulranzen.

Und so gehts:
Das Spielfeld ist wie ein Fußballfeld aufgebaut – nur viel kleiner! Bei zehn Spielern genügt ein Feld, das acht Meter lang und fünf Meter breit ist. Die Tore stehen sich gegenüber, außerdem gibt es eine Mittellinie.

Bildet zwei Mannschaften und verteilt euch jeweils in einer Spielfeldhälfte. Dann bestimmt einen Torwart. Dieser begibt sich zwischen die Pfosten.

Jetzt kann es losgehen: Der Ball liegt auf der Mittellinie und ein „Stürmer" macht den Anstoß. Der Unterschied zu einem normalen Fußballspiel ist jedoch: Die Spieler krabbeln auf allen vieren. Der Ball darf nur mit dem Kopf, den Schultern oder den Füßen bewegt werden. Es ist weder den Spielern noch dem Torwart erlaubt, die Hände einzusetzen.

Kaum ist ein Tor gefallen, dreht ihr euch auf den Rücken. Lauft nun im Krebsgang mit den Füßen voraus und drückt euch mit den Armen vom Boden ab. Bei jedem weiteren Tor wechselt ihr eure Haltung: Entweder ihr krabbelt oder geht wie ein Krebs.

Eine Halbzeit dauert fünf Minuten. Fouls sind grundsätzlich verboten, der Torwart darf den Ball nur abwehren, nicht fangen. Nach zehn Minuten steht fest, wer der Krabbelball-Meister ist!

Alles im Eimer!

„Alles im Eimer!" ist dem Basketball-spiel ganz ähnlich. Doch während beim Korbwerfen die kleinen Spieler eher benachteiligt sind, haben hier alle die gleiche Chance.

Vorbereitung:
Ihr benötigt eine Trillerpfeife für den Schiedsrichter und zwei Eimer, die so groß sind, dass euer Ball hineinpasst.

Und so gehts:
Legt ein Spielfeld mit zwei langen Seiten-linien, zwei kürzeren Grundlinien und einer Mittellinie fest. Auf die Grundlinien stellt ihr mittig jeweils einen Eimer, den ihr mit Steinen beschwert.

Dann wählt ihr einen Schiedsrichter und bildet zwei gleich große Teams. Diese verteilen sich jeweils in einer Hälfte des Spielfelds. Der Schiedsrichter steht auf der Mittellinie und wirft den Ball gerade nach oben.

Die Mannschaft, in deren Hälfte der Ball landet, beginnt damit, sich mit dem Ball durch die gegnerischen Reihen in Richtung Eimer zu kämpfen. Jeder Spieler darf

immer nur drei Schritte machen, solange er den Ball in der Hand hält. Danach muss er ihn einem Mitspieler zuwerfen.

Der Gegner versucht, den Ball abzufangen und selbst zum gegenüberliegenden Eimer zu stürmen. Dabei dürfen der Werfer und seine Teampartner von den Gegenspielern nicht berührt oder festgehalten werden. Geschieht das dennoch, stellt der Schiedsrichter den Spieler vom Platz.

Gepfiffen wird auch, wenn ein Kind trotz Ballbesitz zu viele Schritte macht. Dann muss der Ball dem Gegner überlassen werden.

Eine Halbzeit dauert zehn Minuten. Es gewinnt das Team, das den Ball am häufigsten im Eimer versenken konnte.

**Ballspiel
für draußen und
die Sporthalle**

ab 8 Jahren

Spieler: 8–12

Treibball

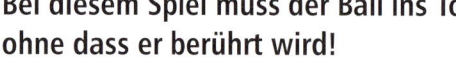

Bei diesem Spiel muss der Ball ins Tor, ohne dass er berührt wird!

Vorbereitung:
Zuerst einmal braucht ihr einen Ball, der nicht zu schwer ist (kleiner Gymnastik- oder Volleyball). Besorgt pro Spieler noch je zwei Tennisbälle und einen Hula-Hoop-Reifen.

Und so gehts:
Das Spielfeld sollte mindestens drei Meter breit und acht Meter lang sein. Markiert die Seitenlinien und im Abstand von jeweils einem Meter die Torpfosten. Bildet zwei Teams, wählt je zwei Balljungen und legt fest, wer auf welches Tor spielt.

Beide Mannschaften verteilen sich über das Spielfeld. Jeder legt seinen Reifen an einem festen Standort ab und stellt sich hinein. Es gibt keinen Torwart.

Unmittelbar vor einem Tor darf sich niemand positionieren. Es gilt, einen Abstand von drei großen Schritten einzuhalten.

Jeder Spieler bekommt zwei Tennisbälle. Der größere Ball wird in die Feldmitte gelegt. Die Spieler versuchen nun, durch gezielte Schüsse mit ihren Tennisbällen den großen Ball ins gegnerische Tor zu treiben.

Hat ein Spieler keine Tennisbälle mehr, kann er welche vom Boden aufheben. Dabei darf er seinen Reifen aber nicht verlassen.

Doch auch die Balljungen sorgen für Nachschub. Sie sammeln die Tennisbälle ein und werfen sie den Teamkollegen zu, die gerade günstig zum großen Ball stehen. Selbst ins Geschehen eingreifen dürfen sie nicht.

Die Mannschaft, die das erste Tor erzielt, geht als Sieger vom Platz.

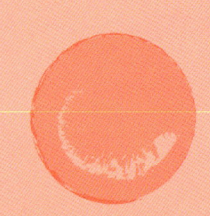

Esel in der Mitte

Damit es gerecht zugeht, sollten bei „Esel in der Mitte" nur Kinder zusammen spielen, die ungefähr gleich alt und groß sind.

Und so gehts:
Wer ist der Esel? Bestimmt ihn mit: „Wenn keiner will der Esel sein, dann hilft euch nur ein Abzählreim. Rüber, runter, ran und du bist dran!"

Der Esel und seine zwei Mitspieler stellen sich hintereinander auf, wobei der Esel in der Mitte steht. Zwischen den Kindern sollte jeweils ein Abstand von fünf Schritten liegen. Der erste Spieler in der Reihe dreht sich um, sodass er jetzt dem Esel und dem dritten Spielpartner gegenübersteht.

Die beiden Kinder, die außen stehen, werfen sich nun abwechselnd den Ball zu: hin und her, her und hin. Das wäre eigentlich einfach, doch in der Mitte steht der Esel. Er versucht, den Ball abzufangen, bevor dieser beim Mitspieler ankommt.

Falls dies dem Esel gelingt, darf er die Mitte verlassen. Der Spieler, der eben geworfen hat, ist der neue Esel.

**Ballspiel
für draußen**

ab 5 Jahren

Spieler: 3

Ballspiele

Stürmt den Thron!

Ballspiel für drinnen und draußen

ab 5 Jahren

Spieler: 6–10

Wer wäre nicht gerne ein König? Bei „Stürmt den Thron!" muss das gekrönte Haupt aber auf Zack sein, sonst ist es schnell vorbei mit den königlichen Freuden!

Vorbereitung:
Für dieses Spiel benötigt ihr einen kleinen Ball und als Thron einen Stuhl mit vier Beinen.

Und so gehts:
Nehmt einen Abzählreim, um den König auszuwählen: „Ene mene Meier, der Fuchs stiehlt die Eier, doch keiner hats gesehen und du musst gehn!"

Der König nimmt auf seinem Thron Platz. Alle anderen Spieler sind die Untertanen. Sie stellen sich in einem Kreis um den König auf, müssen aber einen Abstand von fünf Schritten zum Thron einhalten. Dann setzen sich die Untertanen auf den Boden. Jedes Kind hat nur ein Ziel: den König vom Thron zu verdrängen!

Dafür spielen sich die Untertanen gegenseitig den Ball zu: Gelingt es einem Spieler, den Ball durch die Stuhlbeine hindurch zu seinem Gegenüber zu rollen, darf er den König ablösen.

Dieser versucht, die gefährlichen Bälle mit Händen und Füßen abzuwehren. Er darf dabei seinen Thron aber nicht verlassen.

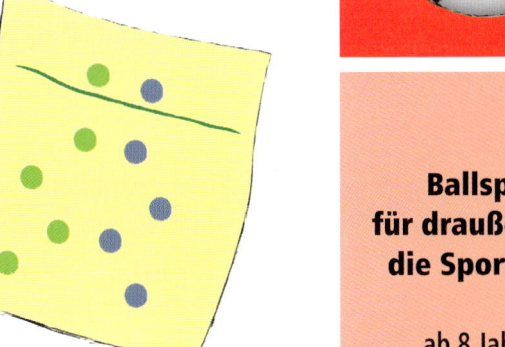

Slalomkicken

Beim Slalomkicken können Nachwuchskicker ihr Ballgefühl trainieren.

Vorbereitung:
Besorgt vorab zwei gleich große Bälle.

Und so gehts:
Bildet zwei Teams und legt eine Startlinie fest. Ein Spieler pro Team bleibt als Kicker mit dem Ball am Start stehen. Die anderen bauen zwei Slalomstrecken auf.

Dazu stellen sich ein Spieler aus Team A und einer aus Team B mit einem Abstand von drei Schritten an der Startlinie auf. Die anderen Mannschaftsmitglieder reihen sich jeweils dahinter auf.

Die beiden ersten Spieler gehen nun von der Startlinie weg drei Schritte vorwärts, die zweiten Spieler sechs, die dritten Spieler neun, die vierten zwölf Schritte und so weiter. Schließlich stehen alle Spieler in einem Abstand von drei Schritten in einer Linie.

Nun macht jeder zweite Spieler in der Reihe drei Schritte nach außen. Dadurch stehen beide Gruppen in zwei Reihen versetzt zueinander. Alle grätschen die Beine zu „Toren".

Das Startkommando wird gegeben. Die beiden Kicker beginnen, den Ball im Zickzack durch die Beine der Teamkollegen zu spielen.

Hat der Kicker sämtliche Tore absolviert, klatscht er den letzten Kollegen ab und verlässt das Spielfeld. Nun macht sich der Letzte von hinten auf den Weg durch die Tore. Vorn angekommen schickt er wieder den ersten Spieler ins Rennen. So verkürzt sich der Slalom immer um ein Tor. Es siegt das Team, das zuerst seinen gesamten Parcours leer geräumt hat.

Ballspiel für draußen und die Sporthalle

ab 8 Jahren

Spieler: 12–20

Schneckenball

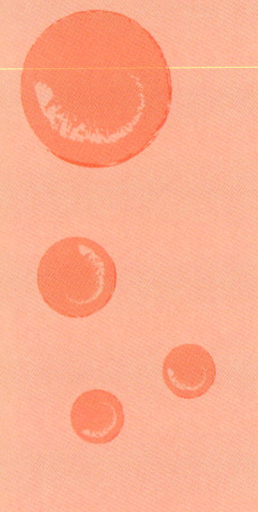

Trotz des Namens ist Schneckenball ein rasantes Spiel. Es wird dennoch eine ganze Weile dauern, bis der Ball die Ziellinie erreicht!

Vorbereitungen:
Für dieses Spiel benötigt ihr zwei Bälle.

Und so gehts:
Bestimmt zwei Teamkapitäne, die abwechselnd ihre Mitspieler auswählen. Legt außerdem eine Start- und eine Ziellinie fest. Wie weit diese auseinanderliegen, ist von der Spieleranzahl in einem Team abhängig. Plant pro Kind ungefähr zwei Meter ein!

Nun stellen sich die beiden Teamkapitäne an die Startlinie. Dahinter reihen sich die Mitspieler auf. Alle rücken dicht zusammen – zwischen Fußspitzen und

Fersen darf höchstens noch eine Handbreit Platz sein. Schließlich umfasst jedes Kind die Hüften seines Vordermanns. Die beiden letzten Spieler halten jedoch einen Ball in der Hand.

Stehen alle richtig? Dann starten die beiden Teamkapitäne den Wettlauf: „Schnecke marsch!"

Jetzt ist Schnelligkeit gefragt! Die beiden letzten Spieler übergeben ihre Bälle an die Vordermänner und stürmen los zum Kopf der Schnecke. Dort angekommen stellen sie sich direkt vor ihre Teamkapitäne und rufen: „Schnecke marsch!"

Das ist das Kommando für die Schlusslichter. Wieder heißt es: Ball abgeben und nach vorn laufen. So bewegt sich die Schnecke ganz langsam in Richtung Ziel. Denkt daran, dass der Abstand zwischen den Spielern immer schön eng bleiben muss.

Das Team, das den Ball zuerst über die Ziellinie trägt, ist der Sieger!

Punktejagd

Ihr könnt auch allein auf Punktejagd gehen. Alles, was ihr dazu benötigt, ist ein Ball und eine Wand.

Und so gehts:
Sucht euch eine Wand und zieht parallel dazu eine Linie. Der Abstand sollte drei große Schritte betragen, wobei das kleinste Kind die Schritte abmessen darf.

Nachdem ihr die Startreihenfolge festgelegt habt, kann die Punktejagd beginnen. Das erste Kind stellt sich an die Startlinie und wirft den Ball gegen die Wand. Sobald der Ball dort abprallt, muss ihn der Spieler wieder fangen. Dabei kann der Fänger folgende Punkte bekommen:

- Fangen mit beiden Händen: ein Punkt
- Fangen mit der rechten Hand: zwei Punkte
- Fangen mit der linken Hand: drei Punkte
- Fangen mit gekreuzten Armen: vier Punkte
- Fangen mit dem Rücken zur Wand: fünf Punkte

Falls beim Abwurf die Startlinie übertreten wird oder der Ball auf den Boden prallt, gibt es keine Punkte. Jeder Spieler hat einen Wurf, dann kommt der Nächste an die Reihe. Zum Champion gekürt wird derjenige, der zuerst 20 Punkte erreicht.

Ballspiel für draußen und die Sporthalle

ab 6 Jahren

Spieler: 1–5

Stopp! Keiner bewegt sich!

**Ballspiel
für draußen und
die Sporthalle**

ab 5 Jahren

Spieler: 3–20

**Bei „Stopp! Keiner bewegt sich!" geht
ein Polizist mit dem Ball auf Ganovenjagd.**

Und so gehts:
Bestimmt einen Polizisten mit dem
Abzählreim: „Li, la, lo, fang den Floh,
fang die Maus und du bist raus!"

Alle Kinder bilden gemeinsam mit dem
Polizisten einen engen Kreis. Derjenige
von euch, der am besten werfen kann,
stellt sich mit dem Ball in die Mitte und
ruft: „Eins, zwei, los!"

In diesem Moment wirft er den Ball ganz
hoch und möglichst gerade nach oben.
Zeit für die Mitspieler, schnell das Weite
zu suchen! Nur der Polizist bleibt stehen
und versucht, den Ball zu fangen. Wenn
er ihn sicher in den Händen hält, ruft er:
„Stopp! Keiner bewegt sich!"

Alle Ganoven müssen daraufhin sofort
stehen bleiben. Der Polizist darf jetzt
noch drei Schritte machen und versucht
dann, ein Kind mit dem Ball zu treffen.
Berührt der Schuss den Ganoven, wird
dieser der nächste Polizist.

Weitwurfkette

**Ballspiel
für draußen**

ab 6 Jahren

Spieler: 6–16

Für dieses Spiel benötigt ihr einen kleinen Ball und ein großes Spielfeld! Ideal wäre ein Fußballplatz.

Und so gehts:
Bildet zwei Teams mit der gleichen Anzahl an Spielern. Achtet darauf, dass die stärkeren Kinder gerecht auf beide Gruppen verteilt sind.

Dann bestimmt einen Startpunkt, an dem sich aus jeder Mannschaft jeweils ein Kind aufstellt. Alle anderen versammeln sich vier bis fünf Meter weiter entfernt auf dem Feld. Der erste Spieler am Startpunkt erhält den Ball und wirft ihn, so weit er kann nach vorn.

Seine Mitspieler achten genau darauf, wo der Ball aufschlägt. Exakt auf diesen Punkt stellt sich dann der zweite Spieler aus dem Team.

Jetzt kommt das erste Kind der gegnerischen Mannschaft an die Reihe. So geht es im Wechsel weiter, bis jeder einmal mit Werfen an der Reihe war. Bei allen Würfen bestimmt der Aufschlagpunkt des Balls die Position des nächsten Spielers.

Die Mannschaft, die sich durch ihre Würfe am weitesten vom Anfangspunkt entfernen konnte, hat gewonnen.

Wer hat den Ball?

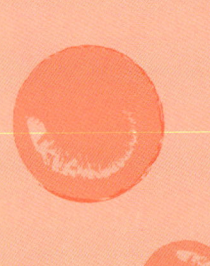

Habt ihr Adleraugen und seid scharfsinnig wie Meisterdetektive? Beides wird euch bei „Wer hat den Ball?" sehr nützlich sein!

Und so gehts:
Mit einem Abstand von je einem großen Schritt stellen sich die Spieler hintereinander auf. Alle verschränken ihre Arme hinter dem Rücken. Auch das vorderste Kind hat die Arme hinter dem Körper, hält allerdings mit beiden Händen einen kleinen Ball und steht etwas weiter entfernt.

Das Spiel beginnt, indem der erste Spieler den Ball zum zweiten Spieler wirft. Die Arme des Werfers bleiben dabei hinter dem Rücken. Der zweite Spieler muss den Ball fangen, ihn blitzschnell wieder hinter dem Rücken verschwinden lassen und ihn dann sofort an den Hintermann weitergeben. So wandert der Ball durch die Reihe.

Irgendwann ruft der erste Spieler: „Wer hat den Ball?" und dreht sich schnell um. Wer auch immer den Ball gerade hat, sollte ihn gut verstecken und sich überhaupt nichts anmerken lassen.

Errät das Kind trotzdem, wer den Ball in den Händen hält, darf es vorn stehen bleiben und die nächste Runde beginnt. Gibt das Kind einen falschen Tipp ab, muss es sich hinten anstellen.

Grabenball

Für Grabenball benötigt ihr einen Ball, der gut springt.

Und so gehts:

Das Spielfeld sollte etwa zehn Schritte breit und doppelt so lang sein. Markiert auf dieser Fläche einen Graben. Zieht dafür eine Mittellinie, die das Feld in zwei Quadrate teilt.

Das größte Kind stellt sich auf die Mittellinie und macht zuerst einen großen Schritt in die linke Spielfeldhälfte, danach einen in die rechte. Markiert dort jeweils eine Linie. Das sind die Ränder des Grabens! Dieser ist somit insgesamt zwei Schritte breit und verläuft parallel zur Mittellinie.

Die Hälfte von euch stellt sich am linken Grabenrand auf, die andere Hälfte am rechten. Grundsätzlich gilt: Es ist nicht erlaubt, das Spielfeld zu verlassen; der Graben selbst darf nicht betreten werden.

Der älteste Spieler beginnt. Er wirft den Ball so, dass er im Graben aufkommt und dann ins Feld gegenüber springt. Dort versuchen die Gegner, den Ball zu fangen. Falls es ihnen gelingt, darf der Fänger den nächsten Wurf ausführen. Auch dabei gilt natürlich: Der Ball muss zuerst in den Graben!

Wird der Graben verfehlt oder kommt der Ball gleich zweimal darin auf, erhält der Gegner einen Punkt. Ebenfalls einen Punkt für das andere Team gibt es, wenn ein Wurf zwar im Graben landet, danach aber aus dem Spielfeld springt.

Wird der Wurf korrekt ausgeführt, vom Gegner jedoch nicht gefangen, bekommen die Werfer zwei Punkte. Für den Sieg braucht eine Mannschaft 20 Punkte!

Müde, matt, tot

**Ballspiel
für draußen und
die Sporthalle**

ab 5 Jahren

Spieler: 5–10

Bei diesem Spiel ist schnelle Reaktion gefragt!

Und so gehts:
Alle Kinder stellen sich an einer Linie auf, dann wird laut durchgezählt. Jeder muss sich seine Zahl gut merken und darauf achten, welche Nummern die anderen Spieler erhalten.

Bildet nun einen Kreis, in dem jedes Kind ungefähr drei Schritte von seinem Nebenmann entfernt steht. Achtet unbedingt darauf, dass die Reihenfolge im Kreis nicht verändert wird: Die Eins steht neben der Zwei, dann kommt die Drei und so weiter.

Der Spieler mit der höchsten Nummer nimmt den Ball und beginnt. Er überlegt sich, wem er den Ball zuwerfen will.

Dann ruft er laut die Nummer dieses Spielers und führt den Wurf schleunigst aus.

Derjenige, dessen Zahl aufgerufen wurde, hat hoffentlich gut aufgepasst. Er muss den Ball nämlich fangen! Gelingt es ihm, darf er seinerseits den Ball werfen. Das Ganze sollte schnell gehen, damit ordentlich Tempo ins Spiel kommt.

Kann das Kind den Ball nicht fangen, ruft es „Müde!". Patzt dieser Spieler irgendwann ein zweites Mal, ist er „matt". Beim dritten Fehler brüllen alle „Tot!". Das Kind scheidet damit aus dem Spiel aus.

Achtung: Ruft der Werfer eine Nummer auf, spielt den Ball aber dem falschen Kind zu, gilt das auch als Fehler und wird mit „müde", „matt" oder „tot" bestraft. Ihr müsst also darauf achten, dass ihr die richtigen Zahlen kennt!

Die beiden Spieler, die am Ende übrig bleiben, sind die Sieger.

Wort- und Rechenspiele

Reim-Time

Wortspiel

ab 8 Jahren

Spieler: 2–4

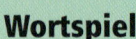

„Reim-Time" ist ein ideales Spiel für unterwegs. Ihr braucht dafür nur euer Köpfchen!

Und so gehts:
Jeder Spieler sucht nach einem Wort, das sich auf den eigenen Vor- oder Nach-namen reimt. Gut zusammen passen beispielsweise „Paul" und „faul", „Michelle" und „hell" oder „Meier" und „Eier". Wer zuerst ein Wort gefunden hat, darf beginnen.

Bei „Reim-Time" geht es darum, zu einem vorgegebenen Begriff möglichst viele Wörter zu finden, die sich darauf

reimen. Hier eine kleine Anregung: Das erste Kind sucht sich den Begriff „Haus" aus. Sein Nebenmann sagt daraufhin „Maus!". Der Nächste ruft „Laus!" oder „Graus!".

So geht es immer weiter, bis einem Spieler, der gerade an der Reihe ist, kein Reim mehr einfällt. Dann bekommt er einen Strafpunkt, darf jedoch ein neues Wort vorgeben. Nach zehn Runden ist Schluss. Es gewinnt derjenige, der die wenigsten Strafpunkte hat.

Auf folgende Wörter lässt sich im Übrigen auch leicht ein Reim finden: Baum, Mann, Kind, Schein, Regen, Tor.

Wortschlangen

Wortspiel

ab 6 Jahren

Spieler: 2–6

Aus einem einzelnen Wort werden ganz viele! Wählt am besten einfache Wörter, damit die Schlange möglichst lang wird.

Und so gehts:
Wer von euch anfangen darf, bestimmt der Abzählreim: „Ich zähl aus, ein goldenes Haus, ein goldener Schuh und raus bist du!"

Der erste Spieler in der Runde nennt ein zusammengesetztes Wort, zum Beispiel „Kartenhaus".

Dieser Begriff besteht aus den Wörtern „Karten" und „Haus". Nun nimmt das nächste Kind das hintere Wort, also „Haus", und denkt sich einen neuen Begriff dazu aus. Wichtig ist: Das neue Wort muss mit „Haus" beginnen, zum Beispiel „Haustür" oder „Hauskatze".

Je nachdem geht es dann weiter, beispielsweise mit „Türglocke" oder „Katzenjammer". So geht es reihum weiter, bis die Wortschlange bei einem Spieler abreißt. Falls auch den Mitspielern kein Begriff mehr einfällt, beginnt eine neue Runde mit dem nächsten Wort.

Wort- und Rechenspiele

Der besondere Ort

Ist euch schon einmal aufgefallen, dass viele Orte und Städte hierzulande die gleichen Wörter in ihren Namen tragen?

So findet sich zum Beispiel in folgenden Städtenamen das Wort „Burg": Hamburg, Freiburg, Flensburg oder Regensburg in Deutschland, Salzburg in Österreich, Sankt Petersburg in Russland und Johannesburg in Südafrika.

Vorbereitung:
Besorgt einen Atlas. In der Regel gibt es auf den hinteren Seiten ein Verzeichnis, in dem alle größeren Orte aufgeführt sind. Außerdem braucht ihr Stifte und Papier.

Und so gehts:
Der Älteste von euch bekommt den Atlas und ist der Spielleiter. Er gibt ein Wort vor, das in möglichst vielen Städtenamen auftaucht. „Berg", „Heim" oder „Hafen" wären gute Begriffe, aber auch „Dorf" oder „Bad".

Hat der Spielleiter den Begriff angesagt, beginnt er, leise bis 50 zu zählen. Seine Mitspieler versuchen in dieser Zeit, möglichst viele Ortsnamen zu finden, die das vorgegebene Wort beinhalten.

Ist die Zeit abgelaufen, lesen die Spieler nacheinander vor, was sie aufgeschrieben haben. Für jeden Ort, der im Atlas zu finden ist, gibt es einen Punkt.

Wer nach drei Runden die meisten Punkte hat, ist der Sieger!

Abwandlung:
Der Spielleiter kann auch einen Vornamen wie Friedrich oder Ludwig vorgeben. Oder ihr sucht nach Städtenamen, in denen ein Tuwort (zum Beispiel „essen") oder ein Tier (zum Beispiel „Aalen") steckt.

Was steckt in meinem Namen?

Wortspiel

ab 6 Jahren

Spieler: 1–10

Bei diesem Spiel ist es von Vorteil, einen Namen zu haben, der aus vielen unterschiedlichen Buchstaben besteht.

Vorbereitung:
Jeder benötigt ein Blatt Papier und einen Stift.

Und so gehts:
Alle Spieler schreiben ihren vollen Namen auf und zählen die Buchstaben. Hat jemand einen Namen, der insgesamt aus weniger als acht Buchstaben besteht? Dann darf derjenige seinen Vornamen ein zweites Mal aufschreiben.

Ziel des Spiels ist es, aus den Buchstaben seines Namens so viele Wörter wie möglich zu formen.

Wer zum Beispiel Lukas Schmidt heißt, dem stehen zwölf Buchstaben zur Verfügung. Mit den Buchstaben dieses Namens kann man die folgenden Begriffe bilden: mit, das, ist, du, Tal, Schuld, Mast, Last, Maus und Kuss.

Für jedes dieser Wörter gibt es einen Punkt. Wer kann die meisten erzielen?

Ich denke mir ein Wort

Wortspiel

ab 6 Jahren

Spieler: 2–5

Dieses Spiel könnt ihr auf zweierlei Weise spielen. Falls Kinder mitmachen, die noch nicht so gut schreiben können, ist die leichte Variante besser geeignet.

Und so gehts:
Das jüngste Kind macht den Anfang und denkt sich zwei Reimwörter aus, zum Beispiel „Strand" und „Pfand". Dann sagt es: „Ich denk' mir ein Wort und das reimt sich auf Strand!"

Die Mitspieler sind nun der Reihe nach dran. Jeder nennt ein Wort, das sich auf „Strand" reimt. Ist das gesuchte Reimwort vielleicht „Land", „Rand" oder „Wand"?

Wer zuerst auf die richtige Lösung „Pfand" kommt, ist als Nächster dran und darf sich zwei neue Reimwörter überlegen.

Abwandlung:
Nachdem ein Wort vorgegeben wurde, muss jeder Spieler seinen Tipp aufschreiben. Stimmt das Wort auf dem Zettel mit dem gesuchten Reimwort überein, gibt es dafür einen Punkt.

Haben alle in der Runde einen Begriff präsentiert, wird kontrolliert, wer die meisten Punkte erringen konnte.

Teekesselchen raten

Wortspiel

ab 8 Jahren

Spieler: 4–20

Der Begriff „Teekesselchen" steht in diesem Spiel für ein Wort, das zwei Bedeutungen hat.

Und so gehts:
In jeder Runde gibt es zwei Geheimnisträger, die sich abseits der anderen ein „Teekesselchen" überlegen. Vielleicht einigen sie sich auf das Wort „Bank". Es gibt die Bank, auf die man sich setzt, und die, zu der man sein Sparschwein bringt.

Dann treten die Geheimnisträger vor ihre Mitspieler und versuchen, ihr Teekesselchen abwechselnd mit nur einem Satz zu beschreiben. Vorher haben sie abgesprochen, wer welche Bedeutung des Worts erklärt.

Erklärt das eine Kind also die Bank im Park, spricht das andere automatisch über die Bank, die unser Geld verwaltet. Der Ablauf könnte möglicherweise so aussehen:

Geheimnisträger A sagt: „Mein Teekesselchen kann man oft in Parks finden."

Geheimnisträger B ergänzt: „Mein Teekesselchen hat schon manchen Räuber angelockt."

Wieder kommt Spieler A dran: „Auf mein Teekesselchen kann man sich setzen."

Spieler B sagt: „Mein Teekesselchen kann man zu festen Öffnungszeiten besuchen."

So geht es immer weiter. Nach jedem Hinweis wird eine kurze Pause gemacht. Dann rufen die Mitspieler ihre Tipps in die Runde. Ist das gesuchte Teekesselchen nicht dabei, folgt die nächste Beschreibung.

Hat ein Kind das Wort erraten, darf es sich einen Mitspieler aussuchen. Beide überlegen sich nun gemeinsam ein neues Teekesselchen.

Frau Müller schläft im Hühnerstall

Wortspiel

ab 8 Jahren

Spieler: 3–10

Bei „Frau Müller schläft im Hühnerstall" gibt es keine Gewinner oder Verlierer. Es geht ganz allein um den Spaß!

Vorbereitung:
Jeder Spieler benötigt ein liniertes Blatt Papier und einen Stift.

Und so gehts:
Das Spiel geht über drei Runden. In der ersten Runde überlegt sich jedes Kind ein Substantiv (Hauptwort) und schreibt es in die oberste Zeile des Blatts. Das kann zum Beispiel „Meine Katze", „Der Schulbus" oder „Die Milch" sein.

Ihr könnt aber auch lustige Namen oder bekannte Personen wählen (beispielsweise „Frau Müller", „Unser Lehrer" oder „Rumpelstilzchen"). Haltet euer Wort vor den anderen Mitspielern geheim.

Sind alle Spieler fertig, werden die ersten beiden Linien der Zettel zweimal umgeknickt. Jetzt kann wirklich niemand mehr sehen, welche Wörter notiert wurden.

Dann gibt jedes Kind sein Blatt an den linken Nebenmann weiter. Damit beginnt die zweite Runde.

Dieses Mal schreiben alle Spieler ein Verb (Tuwort) auf, zum Beispiel „schläft", „singt" oder „lacht". Dann wird der Zettel wieder zweimal umgeknickt und nach links weitergegeben.

In der letzten Runde werden Orte notiert. Das kann zum Beispiel „im Hühnerstall", „bei uns zu Hause" oder „in der Kirche" sein.

Tauscht noch einmal die Blätter. Öffnet nun nacheinander die Zettel und lest den Text darauf vor. Der Inhalt sorgt sicherlich für großes Gelächter!

Buchstabenschlange

Findet Wörter, die aus vielen unterschiedlichen Buchstaben bestehen.

Vorbereitung:
Besorgt ein paar Zettel und Stifte.

Und so gehts:
Vor Spielbeginn zeichnet jedes Kind das Alphabet in Form einer Schlange auf sein Blatt. Dann gibt der älteste Spieler das Startkommando.

Ihr habt jetzt die Aufgabe, euch ein langes und sinnvolles Wort zu überlegen, das aus so vielen verschiedenen Buchstaben wie nur möglich besteht.

Wer solch ein Wort gefunden hat, schreibt es auf. Anschließend streicht der Spieler die Buchstaben, die in diesem Wort vorkommen, aus der Schlange. Dann denkt er sich ein neues Wort aus.

Das zweite Wort sollte aus anderen Buchstaben bestehen als das erste. Ziel des Spiels ist es nämlich, mit möglichst wenigen Wörtern die gesamte Buchstabenschlange zu „erledigen".

Wer zum Streichen aller Buchstaben die wenigsten Wörter braucht, ist der Sieger.

Ganz das Gegenteil

Wer blitzschnell denken und formulieren kann, hat bei diesem Spiel gute Chancen auf den Sieg.

Und so gehts:
Der folgende Abzählreim bestimmt, wer das erste Wort vorgeben darf: „Eine kleine Fee fährt zur See, im Boot ein Leck und du bist weg!"

Das gewählte Kind überlegt sich ein zusammengesetztes Wort. Dieses Wort könnte zum Beispiel „Sonnenschein" sein. Für den Anfang solltet ihr am besten nur Substantive (Hauptwörter) benutzen.

Sind alle bereit, sagt das Kind: „Gesucht wird das Gegenteil von Sonnenschein!"

Die Mitspieler müssen nun schnell kombinieren: Was ist jeweils das Gegenteil von „Sonne" und „Schein"? Eine mögliche Antwort wäre „Mondmünze"!

Wer zuerst ein passendes „Gegenteilwort" in die Runde ruft, bekommt einen Punkt und darf den nächsten Begriff vorgeben. So geht das Spiel weiter, bis ein Kind zehn Punkte erreicht hat.

Galgenmännchen

Wortspiel

ab 8 Jahren

Spieler: 2–4

Mit dem Galgenmännchen haben Kinder auf der ganzen Welt viel Spaß.

Vorbereitung:
Besorgt euch vorab Papier und Stifte.

Und so gehts:
Vergleicht die Anfangsbuchstaben eurer Vornamen. Derjenige, dessen Buchstabe im Alphabet am weitesten vorn steht, darf sich ein langes Wort ausdenken, das die anderen erraten müssen.

Um anzuzeigen, wie viele Buchstaben das gesuchte Wort hat, zeichnet er Striche auf sein Blatt. Für jeden Buchstaben malt er einen Strich. Lautet das gesuchte Wort beispielsweise „Hundehütte", werden hintereinander zehn lange Striche zu Papier gebracht.

Die Kinder aus dem Rateteam dürfen nun nacheinander einen Buchstaben aus dem Alphabet aufrufen. Kommt dieser Buchstabe im gesuchten Wort vor, trägt ihn der Gegenspieler an entsprechender Stelle auf der gestrichelten Linie ein. Kommt ein Buchstabe mehrmals vor, wird er natürlich an alle Stellen gesetzt.

Wird ein falscher Buchstabe genannt, beginnt der Schreiber, das Galgenmännchen zu zeichnen (siehe Bild). Es besteht aus insgesamt elf Teilen. Man beginnt mit dem Fuß des Galgens. Bei jedem falschen Tipp wird das Galgenmännchen mit einem Strich weiter vervollständigt.

Glaubt ein Mitspieler, das gesuchte Wort zu kennen, darf er jederzeit einen Lösungsvorschlag machen. War dieser richtig, hat er das Spiel gewonnen.

War der Tipp falsch, freut sich der Gegenspieler und zeichnet weiter am Galgenmännchen. Schafft er es, die Zeichnung fertigzustellen, bevor das Wort erraten wird, ist er der Sieger.

Was stimmt hier nicht?

Diese knifflige Mischung aus Wort- und Wissensspiel wird auch die klügsten Köpfe zum Rauchen bringen!

Vorbereitung:
Ihr benötigt ein paar Zettel und Stifte.

Und so gehts:
Jeder Mitspieler überlegt sich vier Begriffe und schreibt sie auf. Drei der Begriffe passen inhaltlich zusammen, der vierte fällt jedoch aus der Reihe.

Ein gutes Beispiel sind die Bremer Stadtmusikanten: Esel, Hund, Katze und Hahn. Das sind zwar vier Tiere, aber eines passt nicht ganz in die Reihe. Wisst ihr auch welches? Es ist der Hahn! Er hat nämlich nur zwei Beine, alle anderen Tiere aber vier!

Der jüngste Spieler beginnt und stellt seine Begriffe vor. Wer als Erster errät, welcher Begriff nicht zu den anderen passt, bekommt einen Punkt. Kann dieser Spieler außerdem die richtige Erklärung liefern, bekommt er einen weiteren Punkt.

Tippt jemand auf den falschen Begriff, muss er aussetzen, bis das nächste Kind seine vier Begriffe vorstellt. Haben alle Spieler ihre Aufgaben präsentiert, wird der Punktekönig ermittelt.

Falls es euch zu schwierig erscheint, vier Begriffe zu finden, könnt ihr das Ganze auch mit dreien spielen. Auch hierzu gibt es ein Beispiel: Tee, Kakao, Kaffee – welcher Begriff passt nicht zu den anderen?

Wer weiß, dass Tee und Kaffee immer mit Wasser zubereitet werden, wird schnell auf die richtige Lösung „Kakao" kommen!

Silbenrätsel

Wortspiel

ab 10 Jahren

Spieler: 2–10

Ihr könnt selbst entscheiden, wie schwierig das Silbenrätsel ist. Doch gebt euren Gegnern eine faire Chance, sonst stellt ihr euch am Ende vielleicht selbst ein Bein!

Vorbereitung:
Ihr braucht eine Stoppuhr und pro Spieler zwei Blätter Papier und einen Stift.

Und so gehts:
Jeder Mitspieler überlegt sich ein Wort. Aus diesem löst er drei zusammenhängende Buchstaben heraus. Hast du dir zum Beispiel das Wort „Giraffe" ausgesucht, kannst du beispielsweise die Kombination „AFF" herauspicken.

Schreibe deine Buchstabenkombination „AFF" auf einen der beiden Zettel. Auf dem anderen notierst du das Wort „Giraffe". Damit ist aber noch lange nicht Schluss!

Suche noch weitere Wörter, in denen deine Kombination zu finden ist. Bei „AFF" wären das zum Beispiel die Begriffe „Affe", „Waffel" oder „Schlaraffenland".

Insgesamt habt ihr drei Minuten zur Verfügung, um euch eine Kombination zu überlegen und die passenden Wörter zu finden. Der älteste Spieler stoppt die Zeit. Auf sein Kommando hin lassen alle die Stifte fallen und geben den Zettel mit der Buchstabenkombination an den rechten Nebenmann weiter.

Dieser versucht ebenfalls, möglichst viele Wörter zu notieren, in denen die vorgegebene Kombination auftaucht.

Nach weiteren drei Minuten wird verglichen. Wer hat mehr Wörter gefunden? Der Spieler, der sich die Kombination ausgesucht hat? Oder ist etwa sein Sitznachbar Sieger in diesem Duell?

Buchstabenverdreher

Wortspiel

ab 10 Jahren

Spieler: 3–5

Bei diesem Spiel werden Wörter absichtlich verunstaltet – das sorgt für großen Spaß!

Vorbereitung:
Der Spielleiter benötigt ein Blatt Papier und einen Stift.

Und so gehts:
Bestimmt, wer zuerst Spielleiter sein darf. Seine Aufgabe ist es, drei zusammengesetzte Wörter aufzuschreiben. Dabei trennt er allerdings die Worthälften und vertauscht die jeweiligen Anfangsbuchstaben.

Angenommen, der Spielleiter hat sich das Wort „Last-wagen" ausgesucht. Tauscht er die Anfangsbuchstaben der beiden Worthälften, wird daraus „Wastlagen".

Auf dieselbe Weise werden aus „Hand-taschen" „Tandhaschen" und aus „Sommer-ferien" „Fommerserien".

Hat er seine Wörter zu Papier gebracht, darf der Spielleiter das erste vorlesen. Wer weiß zuerst, was sich hinter „Wastlagen" verbirgt? Dieser Ratefuchs wird mit einem Punkt belohnt! Wurden alle drei Rätsel geknackt, wechselt der Spielleiter.

Nachdem jeder drei Wörter vorgegeben hat, vergleicht ihr die Punktestände und macht so den Meister unter euch aus.

Kein ohne

Wortspiel

ab 8 Jahren

Spieler: 2–5

Wenn ihr es klug genug anstellt, könnt ihr dieses Spiel endlos lange spielen.

Und so gehts:
Bei „Kein ohne" müsst ihr alle gemeinsam eine knifflige Herausforderung bewältigen. Bei diesem Spiel geht es nämlich darum, eine möglichst lange Wortkette zu bilden. Damit das gelingt, dürft ihr euch gegenseitig helfen.

Wer den Anfang macht, bestimmt dieser Auszählreim: „Schnick, schnack, schnuck – ene mene muck – ene mene meck – du bist weg!"

Derjenige, der ausgewählt wurde, überlegt sich eine sinnvolle Aussage mit den Wörtern „kein" und „ohne". Das könnte sein: „Kein Winter ohne Schnee!"

Der Nebenmann verfasst jetzt aus dem letzten Wort einen neuen Satz. Eine Möglichkeit wäre: „Kein Schnee ohne Eis." Nun ist der Nächste an der Reihe. Welche gute Aussage lässt sich mit „Eis" treffen? Vielleicht diese: „Kein Eis ohne Sahne!"

Macht immer so weiter und sorgt dafür, dass die Wortkette möglichst lang wird!

Von vorn wie von hinten

Wortspiel

ab 10 Jahren

Spieler: 2–8

Knobelfans aufgepasst – bei diesem Spiel werdet ihr richtig gefordert!

Vorbereitung:
Ihr benötigt Papier, Stifte und eine Stoppuhr.

Und so gehts:
Im Mittelpunkt bei „Von vorn wie von hinten" stehen die Palindrome. Das sind Wörter, die man sowohl vorwärts als auch rückwärts lesen kann.

Was kompliziert klingt, ist ganz einfach! Bekannte Palindrome sind zum Beispiel „Uhu", „Retter" oder „Ebbe". Diese Wörter zählen sogar zu den „echten" Palindromen, denn sie behalten rückwärts gelesen den gleichen Sinn.

Daneben gibt es noch die „unechten" Palindrome. Auch sie ergeben rückwärts gelesen ein Wort, das jedoch einen ganz anderen Sinn hat.

So wird aus „Lager" „Regal" und aus „Leben" das Wort „Nebel".

Bei „Von vorn wie von hinten" muss jeder Spieler möglichst viele Palindrome finden und auf seinen Zettel schreiben. Ihr habt zehn Minuten Zeit. Wer die meisten Begriffe notieren konnte, hat gewonnen.

Buchstabensalat

Wortspiel

ab 10 Jahren

Spieler: 2–20

Bei „Buchstabensalat" kann sogar eine ganze Schulklasse mitmachen.

Vorbereitung:
Jeder Spieler benötigt einen Block und einen Stift.

Und so gehts:
Einigt euch auf ein Themengebiet, zum Beispiel Tiere. Wählt anschließend einen Spieler, der sich ein Wort überlegt, das in dieses Themengebiet passt, zum Beispiel „Flamingo". Das Wort sollte mindestens sechs Buchstaben haben.

Der Spieler notiert die Buchstaben dieses Begriffs auf einem Blatt Papier. Allerdings bringt er ihre Reihenfolge durcheinander. Dann wird der lustige Buchstabenmix laut vorgelesen: „M – I – N – A – G – O– L– F."

Alle Mitspieler schreiben mit und versuchen dann, den Buchstabensalat zu entschlüsseln. Wer zuerst das Lösungswort nennen kann, darf einen Begriff für die nächste Runde aussuchen.

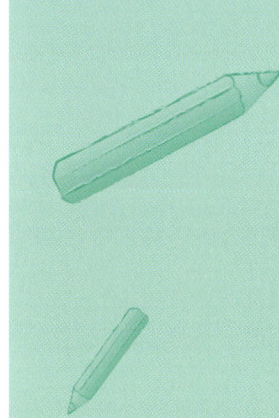

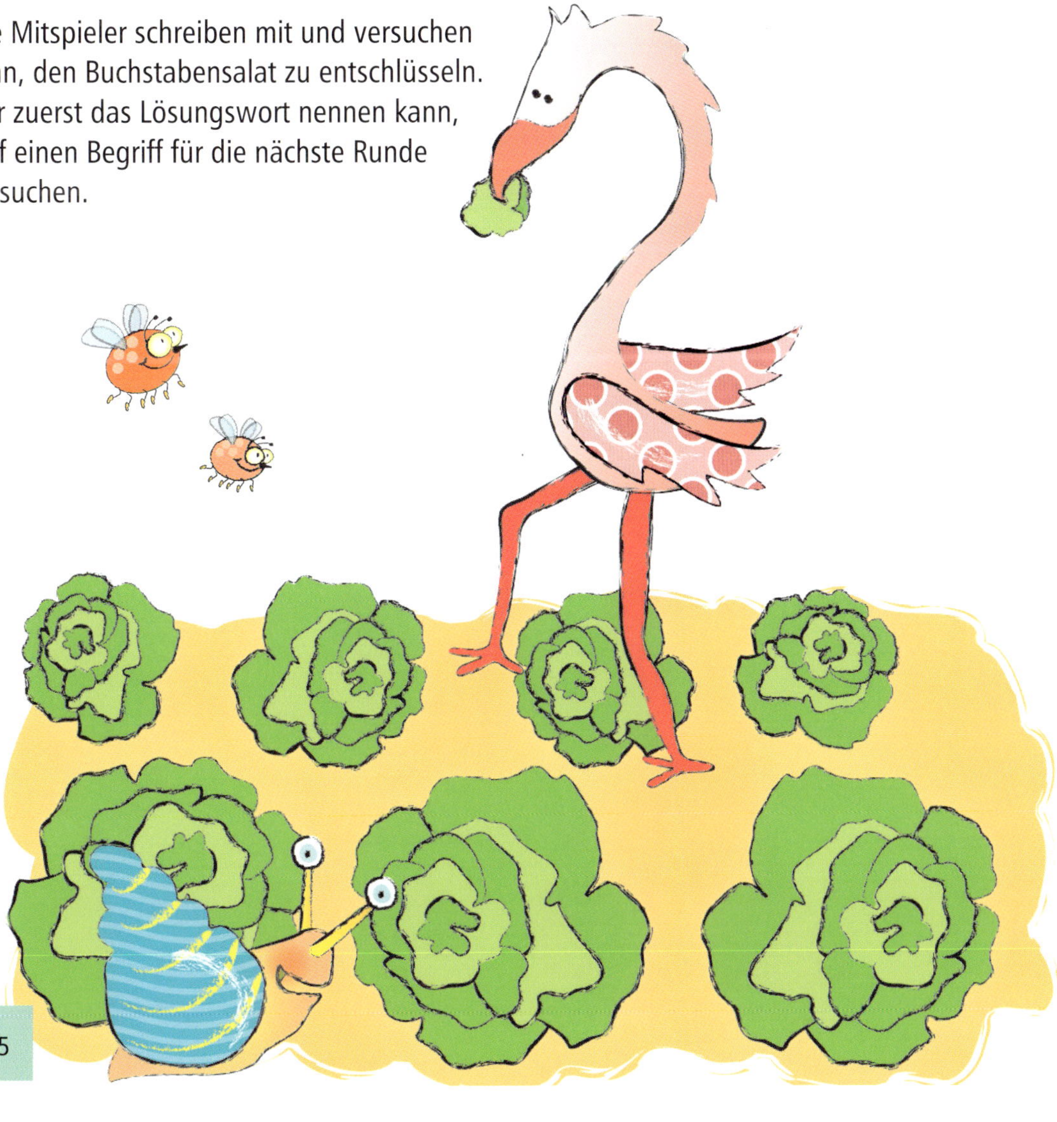

Aber bitte ohne A

Bei diesem Wortspiel kommt es auf die Konzentration an.

Und so gehts:
Der älteste Spieler denkt sich eine Frage und einen völlig beliebigen Buchstaben aus. Er könnte beispielsweise folgende Bitte stellen: „Ich habe Durst. Könnte ich etwas zu trinken bekommen? Ich trinke alles außer A."

Alle Kinder überlegen sich eine passende Antwort, in der jedoch kein A vorkommt. Der rechte Nachbar des Fragestellers antwortet zuerst.

Sagt er zum Beispiel „Milch", hat er die Aufgabe erfolgreich gemeistert. Keine passenden Lösungen wären „Limonade" oder „Wasser" gewesen, da sie jeweils ein A enthalten.

Nun ist das nächste Kind an der Reihe. Da jede Antwort nur einmal gegeben werden darf, muss es einen anderen Vorschlag als „Milch" liefern.

Hat jeder in der Runde ein Getränk ohne A genannt, überlegt sich der Zweitälteste von euch eine neue Frage und einen neuen Buchstaben. Jetzt beginnt der Ratespaß von vorn.

Alle Kinder in der Runde dürfen mindestens drei Fragen stellen. Wer eine falsche Antwort gibt oder keine weiß, bekommt einen Strafpunkt. Es gewinnt der Spieler, der die wenigsten Strafpunkte auf seinem Konto hat.

Ist das Spiel viel zu einfach für euch? Dann erhöht den Schwierigkeitsgrad! Der Fragesteller gibt zwei Buchstaben vor, die nicht im Lösungswort vorkommen dürfen.

Wortketten bilden

Wortspiel

ab 8 Jahren

Spieler: 4–10

Hier ist blitzschnelles Denken gefragt! Beim „Wortketten bilden" müssen euch in kürzester Zeit die passenden Begriffe einfallen. Wer zu lange überlegt, scheidet nämlich aus.

Und so gehts:
Wer von euch hatte in diesem Jahr zuerst Geburtstag? Derjenige darf ein Themengebiet vorgeben, zum Beispiel „in der Schule". Außerdem nennt er einen Begriff, der gut zu diesem Thema passt, beispielsweise das Wort „Tafel".

Nun geht es im Uhrzeigersinn weiter. Der Nächste in der Runde überlegt sich einen neuen Begriff aus dem Schulalltag. Einziger Haken: Das Wort muss mit dem letzten Buchstaben des vorangegangenen Begriffs beginnen.

Bei „Tafel" wäre das natürlich das L. Der zweite Spieler könnte also „Lehrer" sagen. Das bedeutet für den linken Nebenmann, dass jetzt ein Begriff mit R gefragt ist. Wie wäre es mit „Radiergummi" oder „Rechnen"?

Versucht, die Kette nicht abreißen zu lassen. Jedes Kind hat höchstens eine Minute Zeit zum Nachdenken.

Weiß jemand nicht mehr weiter, scheidet er aus dem Spiel aus. Der Nachbar links von ihm darf anschließend das nächste Themengebiet vorgeben, zum Beispiel „im Urlaub" oder „an meinem Körper". Nach und nach verringert sich die Anzahl der Spieler, bis nur noch einer übrig bleibt. Er ist der Champion!

Wollt ihr mehr Tempo ins Spiel bringen? Dann begrenzt die Zeit zum Überlegen auf 20 Sekunden.

Woran denkst du?

Wortspiel

ab 6 Jahren

Spieler: 2–4

Wer viel Fantasie hat, hat bei diesem Spiel gute Karten!

Und so gehts:
Bestimmt mit dem Abzählreim „Vor dem Tor, da singt ein Chor, da steht ‘ne Kuh und raus bist du!", wer beginnen darf. Der Gewinner sucht sich einen Begriff aus – zum Beispiel „Sommer". Dieses Wort fügt er in den folgenden Satz ein: „Ich denke an Sommer. Woran denkst du?"

Sein rechter Nebenmann überlegt sich drei Begriffe, die man mit dem Sommer in Verbindung bringt. Er könnte zum Beispiel antworten: „Wenn ich an Sommer denke, dann denke ich an Sonne, Ferien und Hitze. Woran denkst du?"

Diese Frage richtet sich an den Spieler, der wiederum rechts sitzt. Der Angesprochene wählt einen der drei Begriffe seines Nachbarn, zum Beispiel „Ferien". Seine Aufgabe ist es, zu diesem Wort drei weitere Begriffe zu finden. Hier ein Vorschlag: „Wenn ich an Ferien denke, dann denke ich an Strandliege, Campingplatz und Ausschlafen. Woran denkst du?"

Dem nächsten Kind stehen somit wieder drei neue Begriffe zur Auswahl: „Strandliege", „Campingplatz" und „Ausschlafen". So geht das Spiel weiter, bis jemandem keine drei Wörter einfallen oder er einen Fehler macht.

In diesem Fall muss das Kind ein Pfand (eine Haarspange, einen Glücksbringer oder einen Schal) in die Mitte legen. Wer zum zweiten Mal einen Fehler macht, scheidet aus. Der Spieler, der zum Schluss übrig bleibt, ist der Sieger.

Wortdomino

Wortspiel

ab 8 Jahren

Spieler: 2–5

Habt ihr schon einmal Domino gespielt? Wortdomino funktioniert nach dem gleichen Prinzip! Doch hier werden keine passenden Steine aneinandergelegt. Es geht vielmehr darum, sinnvolle Satzketten zu bilden.

Und so gehts:
Bestimmt einen Spieler, der sich den ersten Satz ausdenkt. Es gibt keine Vorgabe, wie der Satz gestaltet sein soll. Lasst eurer Fantasie freien Lauf!

Das Wortdomino könnte mit einem Satz wie „Ich spiele gern im Sand" starten. Nun ist das nächste Kind an der Reihe. Es nimmt das letzte Wort des Satzes auf und beginnt damit einen neuen: „Sand gibt es in Wüsten."

Nun muss ein Satz gefunden werden, der mit „Wüsten" anfängt. Gut wäre: „Wüsten sind trocken und heiß."

Baut euer Wortdomino immer weiter aus, sodass eine lustige oder spannende Geschichte entsteht.

Eine Ente, zwei Beine

Rechenspiel

ab 6 Jahren

Spieler: 3–8

Das Wichtigste bei diesem Spiel ist, dass man sich nicht ablenken lässt! Denn sonst schleicht sich schnell ein Fehler ein.

Und so gehts:
Das jüngste Kind von euch eröffnet das Spiel und sagt „eine Ente". Jetzt geht es im Uhrzeigersinn weiter. Der nächste Spieler führt fort „zwei Beine" und der dritte ergänzt „plumps!".

Der linke Nachbar macht weiter mit „zwei Enten". Was kommt danach? Natürlich „vier Beine!" und zum Schluss folgt „plumps, plumps!".

Und wieder beginnt ein Satz, diesmal sind es schon „drei Enten". Achtet darauf, dass die Anzahl der Enten und der Beine stimmt. Je schneller in der Runde gezählt wird, desto eher schleichen sich Fehler ein.

Wie oft ein Spieler „plumps" sagen muss, richtet sich nach der Anzahl der Enten – ist man also bei drei Enten angelangt, heißt es „plumps, plumps, plumps".

Macht ein Mitspieler einen Fehler, beginnt die ganze Zählerei von vorn! Ziel ist es, bei zehn Enten anzukommen!

Rechenwettstreit

Rechenspiel

ab 6 Jahren

Spieler: 10–20

Beim Rechenwettstreit treten zwei Teams gegeneinander an. Hat der Spielleiter genügend Aufgaben vorbereitet, können auch mehr als 20 Kinder mitmachen.

Vorbereitung:
Bestimmt einen Spielleiter, der die Aufgaben stellt. Pro Mitspieler sollte er mindestens eine Rechenaufgabe auf seinen Zettel schreiben.

Und so gehts:
Bildet zwei Teams und stellt euch in zwei Schlangen nebeneinander auf. Der Spielleiter steht euch gegenüber. Dann liest er seine erste Rechenaufgabe vor. Die zwei Kinder, die jeweils den Kopf ihrer Schlange bilden, dürfen antworten. Vorsagen ist nicht erlaubt!

Wer gibt als Erster die richtige Antwort? Der Gewinner bleibt im Spiel und stellt sich hinten an. Wer zu spät antwortet oder sich verrechnet, scheidet aus und muss die Schlange verlassen.

Nun stellt der Spielleiter eine neue Aufgabe. Wieder sind nur die beiden ersten Kinder in der Schlange gefragt. Da nach jeder Aufgabe ein Spieler ausscheidet, werden die Schlangen zwangsläufig immer kleiner. Es wird so lange gerechnet, bis es einem Team gelungen ist, die gegnerische Schlange komplett aufzulösen!

Eckenrechnen

Dieser Rechenwettbewerb wird am besten in einem geschlossenen Raum (zum Beispiel im Klassenzimmer) ausgetragen.

Vorbereitung:
Wählt einen Spielleiter. Er überlegt sich selbst Rechenaufgaben oder entnimmt sie einem Buch und schreibt sie auf ein Blatt Papier.

Und so gehts:
Der Spielleiter stellt sich in die Mitte des Raums. Jede der vier Ecken wird von einem Kind besetzt.

Das Spiel beginnt, indem die erste Aufgabe laut vorgelesen wird. Die Spieler in den Ecken müssen schnell rechnen. Wer zuerst die richtige Lösung ruft, darf eine Ecke weitergehen. Die anderen müssen stehen bleiben. Es folgt die nächste Aufgabe.

Es gewinnt derjenige, der zuerst alle Ecken abgelaufen hat und wieder an seinem Startpunkt angekommen ist.

Abwandlung:
Seid ihr mehr als fünf Kinder, könnt ihr auch ein kleines Turnier veranstalten. Dabei treten die Gewinner aus den einzelnen Runden noch einmal gegeneinander an. So wird leicht der Rechenkönig ermittelt. Der Spielleiter wird nach jeder Runde ausgewechselt.

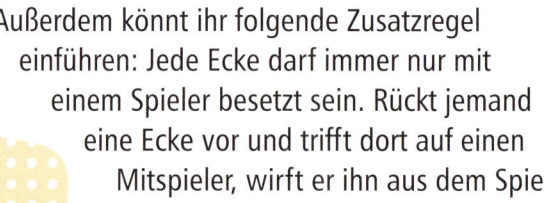

Außerdem könnt ihr folgende Zusatzregel einführen: Jede Ecke darf immer nur mit einem Spieler besetzt sein. Rückt jemand eine Ecke vor und trifft dort auf einen Mitspieler, wirft er ihn aus dem Spiel.

Dieser darf dann unter den Zuschauern einen Nachfolger auswählen, der sich in die freie Ecke stellt und ab sofort mitmacht.

Eins, zwei, hopps!

Rechenspiel

ab 8 Jahren

Spieler: 2–4

Das Malnehmen steht im Mittelpunkt dieses Spiels. Nur wer sich lange konzentrieren kann, wird der Rechenmeister.

Und so gehts:
Bildet einen Kreis und setzt euch hin. Der älteste Spieler sucht sich eine Zahl zwischen zwei und neun aus. Je niedriger die gewählte Zahl ist, desto schwieriger wird das Spiel.

Hat der Spieler zum Beispiel die Drei gewählt, bedeutet dies, dass ab sofort keiner mehr diese Zahl aussprechen darf. Tabu sind auch Zahlen, in denen eine Drei vorkommt, wie 13, 23, 30 und so weiter.

Doch damit nicht genug! Auch alle Zahlen, die durch drei teilbar sind, werden aus dem Spiel verbannt. Alle „verbotenen" Zahlen werden durch das Wort „hopps" ersetzt!

Der Jüngste von euch macht den Anfang und sagt „eins". Sein linker Nebenmann zählt weiter „zwei". Achtung: Wer jetzt an der Reihe ist, darf nicht „drei" sagen! Stattdessen ruft er „hopps". Anschließend führt der linke Nachbar die Aufzählung mit der Vier fort.

Wisst ihr schon, wann das nächste „Hopps" an der Reihe ist? Das wäre an der Stelle, an der die Sechs kommt!

Je länger das Spiel dauert, desto schwieriger wird es! Vergisst ein Spieler, „hopps" zu sagen, oder sagt er es an der falschen Stelle, scheidet er aus. Die Runde geht trotzdem weiter. Nach jedem Fehler verkleinert sich der Kreis. Wer am Schluss übrig bleibt, hat gewonnen und darf sich feiern lassen.

Wer schätzt richtig?

Eine Anzahl richtig schätzen zu können, ist keine Glückssache. Das kann man unter anderem mit diesem Spiel trainieren.

Vorbereitung:
Besorgt einen durchsichtigen Behälter, zum Beispiel ein Trinkglas oder eine Glasvase. Füllt nun Centstücke, Murmeln, bunte Papierkügelchen oder Reiskörner in das Gefäß. Die Anzahl der zu schätzenden Gegenstände sollte bei höchstens 50 liegen.

Und so gehts:
Setzt euch in einem Kreis um den Glasbehälter und überlegt eine Minute lang, wie viele Gegenstände sich wohl darin befinden.

Niemand darf den Behälter berühren, alle müssen einen gewissen Abstand halten. Ist die Zeit abgelaufen, geben die Spieler nacheinander ihre Tipps ab.

Anschließend wird der Inhalt aus dem Glas gekippt und die Zählung kann beginnen. Steht das Ergebnis fest, wird verglichen: Wer kam mit seiner Schätzung der tatsächlichen Anzahl am nächsten?

Hier noch ein kleiner Tipp: Bei einer sehr großen Anzahl von Murmeln macht es keinen Sinn, sie abzuzählen. Es dauert viel zu lange, bis ihr zu einem Ergebnis kommt!

Viel besser ist es, zuerst die Murmeln in der untersten Reihe zu zählen (zum Beispiel zehn Murmeln). Dann ermittelt ihr die Anzahl der übereinanderliegenden Reihen (zum Beispiel sieben Reihen). Multipliziert nun die beiden Zahlen: Zehn Murmeln mal sieben Reihen ergeben 70 Murmeln. So kommt ihr sicherlich auf ein gutes Schätzergebnis!

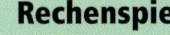

21

Rechenspiel

ab 10 Jahren

Spieler: 2

Wer dieses spannende Duell gewinnen will, braucht etwas Mut. Doch das Risiko lässt sich gut berechnen!

Vorbereitung:
Für dieses Spiel benötigt ihr einen Würfel.

Und so gehts:
Die beiden Spieler werfen abwechselnd den Würfel, bis sie 21 Punkte erreicht haben. Dabei werden die Würfe zusammengezählt. Wer näher an der 21 liegt oder die Zahl sogar genau erreicht, gewinnt das Duell. Aber Achtung: Ist ein Spieler zu gierig und übertrifft die 21, hat er verloren!

Hier ein Beispiel: Spieler A beginnt und wirft eine Vier, sein Gegner die Sechs. Damit liegt Spieler B für den Moment in Führung.

Spieler A würfelt erneut, dieses Mal auch eine Sechs. Dadurch hat er insgesamt zehn Punkte. Sein Kontrahent wirft eine Drei und liegt damit weiterhin zurück.

Daher kommt er gleich noch einmal an die Reihe, denn er muss die zehn Punkte übertreffen. So versuchen die Rivalen, sich immer gegenseitig zu überbieten.

Doch irgendwann ist Vorsicht geboten! Nehmen wir an, Spieler A hat 19 Punkte und sein Gegner nur 17. Dann sollte der Führende auf weitere Würfe verzichten. Denn das Risiko, über die 21 zu kommen, ist sehr hoch!

Will Spieler B das Duell noch für sich entscheiden, hat er nur eine Wahl. Er muss 19 Punkte übertreffen, um in Führung zu gehen. Gleichzeitig darf er aber nicht auf mehr als 21 Punkte kommen, sonst hat er verloren.

Schafft er es auf 20 Punkte, kann Spieler A mit seinen 19 Punkten nur noch durch eine Zwei gewinnen. Wer nämlich genau die 21 erreicht, ist der Sieger.

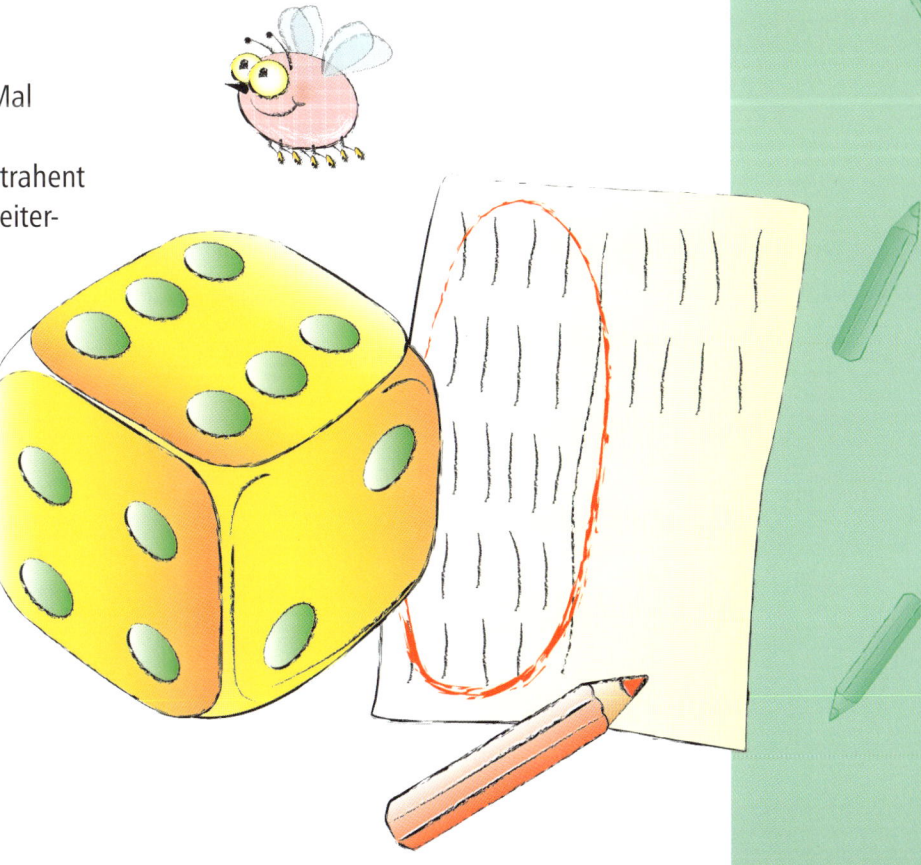

Nüsse stehlen

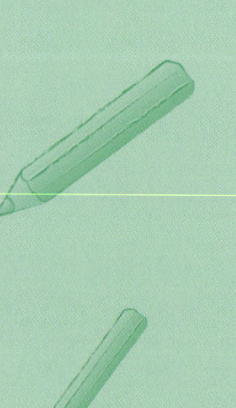

Bei diesem Spiel könnt ihr den Schwierigkeitsgrad selbst bestimmen. Es geht darum, Zahlen zusammenzuzählen.

Vorbereitung:
Besorgt drei Würfel und einen Würfelbecher. Außerdem erhält jeder Spieler drei Nüsse, die er als eine Art Pfand vor sich ablegt.

Und so gehts:
Setzt euch um einen Tisch herum. Das kleinste Kind nimmt den Becher mit den Würfeln, schüttelt ihn dreimal und stülpt ihn dann auf den Tisch. Stopp! Bevor der Wurf aufgedeckt wird, muss der Spieler laut bis drei zählen. Dann wird der Becher entfernt.

Welche Würfelpunkte liegen oben? Sofort rechnet jeder diese drei Zahlen im Kopf zusammen. Wer zuerst das richtige Ergebnis präsentiert, darf einem Gegner seiner Wahl eine Nuss wegnehmen! Anschließend führt der Nussdieb den nächsten Wurf aus.

Wer eine falsche Lösung sagt, gewinnt natürlich keine Nuss, sondern muss eine abgeben! Empfänger des Pfands ist das Kind, das gewürfelt hat.

Besitzt ein Spieler keine Nüsse mehr, scheidet er aus. Das Spiel dauert so lange, bis sich ein Kind alle Nüsse erkämpft hat. Ihr könnt jedoch auch eine Spieldauer festlegen, zum Beispiel fünf Minuten. Ist die Zeit um, muss jeder seine Nüsse zählen. Wer die meisten hat, ist der Sieger!

Geschicklichkeitsspiele

Tannenbaumkegeln

Geschicklich-keitsspiel für draußen und die Sporthalle

ab 8 Jahren

Spieler: 2–8

Beim Tannenbaumkegeln wird den Spielern genau vorgegeben, wie viele Kegel zu Fall kommen sollten.

Vorbereitung:
Wenn euch keine Kegel aus Holz oder Kunststoff zur Verfügung stehen, besorgt neun gleich große Plastikflaschen. Füllt sie drei Zentimeter hoch mit Sand auf und schraubt sie zu. Außerdem benötigt ihr einen Ball, Papier und einen Stift.

Und so gehts:
Die Kegel werden immer gleich aufgestellt. Vorn steht ein Kegel. Eine Reihe dahinter werden zwei Kegel positioniert. Drei Kegel kommen in die dritte Reihe. Die vierte Reihe besteht wieder aus zwei Kegeln, dahinter in der Mitte steht der letzte. Zieht eine Startlinie, die ungefähr vier Meter vom ersten Kegel entfernt liegt.

Bildet zwei Teams. Jede Mannschaft schreibt sich einen Zahlen-Tannenbaum auf ihren Zettel. Dabei könnt ihr euch an der Vorlage auf dieser Seite orientieren.

Die Teams kegeln nun im Wechsel. Nach jedem Wurf wird gezählt, wie viele Kegel umgefallen sind. Die entsprechende Zahl wird dann im Baum durchgestrichen.

Es nutzt also nichts, wenn ein Mitspieler immer alle neun Kegel trifft. Die Neun muss nämlich nur einmal gekegelt werden! Es gewinnt das Team, das zuerst alle Zahlen im Baum abgehakt hat.

```
        9
       88
      777
     6666
    55555
   444444
  3333333
 22222222
     1
```

Namenkegeln

Wie schwierig Namenkegeln wird, hängt von den Anfangsbuchstaben eurer Vornamen ab.

Vorbereitung:
Besorgt neun Kegel, einen Ball und etwas zum Schreiben.

Und so gehts:
Listet eure Vornamen auf und sortiert sie alphabetisch. Zuerst stehen also die Namen, die mit einem A beginnen (zum Beispiel Alice). Dann folgen die Namen mit B (zum Beispiel Ben) und so weiter. Am Ende stehen dementsprechend die Vornamen, die – falls vorhanden – mit einem Z beginnen (zum Beispiel Zora).

Das erste Kind auf der Liste kommt in das rote Team, das zweite in Team Blau. Der dritte Spieler gehört wieder zur roten Mannschaft. Macht so weiter, bis sich zwei Mannschaften gebildet haben.

Der erste „rote" Spieler stellt die Kegel seines Teams auf. Dabei gibt der Anfangsbuchstabe seines Namens die Form vor: Alice müsste beispielsweise mit den Kegeln ein A nachbilden.

Nun stellen sich die Mitglieder des roten Teams hintereinander auf. Dabei müssen sie zehn Schritte von den Kegeln entfernt sein. Der erste Spieler in der Schlange versucht, alle Kegel möglichst mit einem Wurf umzuwerfen.

Bleiben welche stehen, stellt sich der Spieler wieder hinten an. Nun hat das nächste Kind die Aufgabe, die restlichen Kegel zu treffen. Wie viele Würfe braucht das Team, um den ersten Buchstaben abzuräumen?

Das Ergebnis wird notiert. Anschließend tritt die blaue Mannschaft an. Heißt deren erster Spieler Ben, werden die Kegel als B angeordnet.

Beide Teams kegeln im Wechsel so lange, bis alle Anfangbuchstaben auf der Liste abgehakt sind. Die Gruppe, die dafür weniger Versuche benötigt hat, gewinnt das Duell.

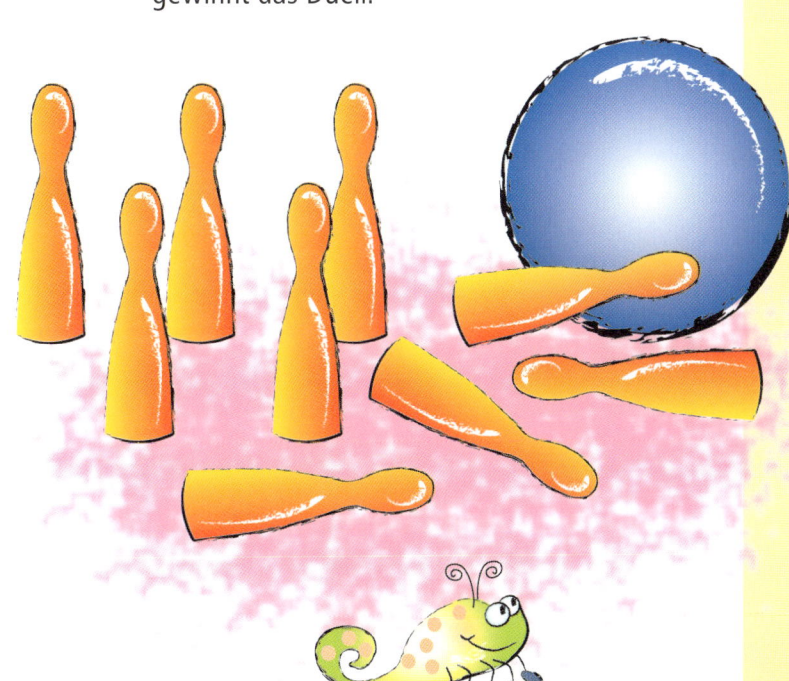

Wasser marsch!

Dieses Spiel kann an heißen Sommertagen für angenehme Abkühlung sorgen.

Vorbereitung:
Besorgt zwei leere Plastikflaschen, die mindestens einen Liter Flüssigkeit fassen können und gleich groß sind. Füllt beide Flaschen mit Wasser auf, aber verschließt sie nicht. Außerdem benötigt ihr noch einen großen Ball.

Achtung: Zieht bei „Wasser marsch!" unempfindliche Schuhe und Kleidung an, denn ihr könnt ein paar Spritzer abbekommen.

Und so gehts:
Markiert in einem Abstand von zehn großen Schritten zwei Punkte auf dem Boden. Stellt jeweils eine Wasserflasche auf diese Markierungen.

Nun sucht sich jeder Spieler eine Flasche aus und stellt sich hinter sie. Die beiden Gegner stehen sich dabei gegenüber. Ihre Aufgabe ist es, die Flasche, die direkt vor ihnen steht, zu verteidigen.

Der kleinere Spieler bekommt den Ball und beginnt. Mit einem gezielten Wurf versucht er, die Flasche seines Gegners umzukippen. Wenn er trifft und die Flasche umfällt, muss sein Gegenüber zuerst den Ball einsammeln; danach darf er die Flasche wieder aufstellen. Das Ganze sollte aber möglichst sehr schnell gehen, damit nicht zu viel Wasser ausläuft.

Landet der Wurf daneben und die Flasche bleibt stehen, darf der Gegner sofort zum Gegenschlag ausholen. Beide Spieler wechseln sich mit ihren Angriffen ab. Wer zuerst die Flasche des Gegners bis auf den letzten Wassertropfen geleert hat, ist der Sieger!

Boccia

Boccia lässt sich besonders gut auf Sandboden oder Gras spielen.

Vorbereitung:
Bocciakugeln gibt es günstig zu kaufen. Falls ihr ein paar alte Tennisbälle habt, könnt ihr aber auch selbst ein Set basteln.

Jeder Spieler beschriftet zwei Tennisbälle mit seinem Namen. Dann taucht ihr die Bälle in Wasser, damit sie sich vollsaugen und schwer werden. Lasst sie vor Spielbeginn aber etwas abtropfen.

Jetzt fehlt nur noch die sogenannte Zielkugel. Bemalt dazu einen weiteren Ball mit einem wasserfesten Stift und macht ihn ebenfalls nass.

Und so gehts:
Markiert eine Spielfläche, die ungefähr zehn Meter lang und fünf Meter breit ist. Stellt euch außerhalb dieses Felds an einer der kurzen Linien auf.

Jeder Spieler hat seine zwei Kugeln in der Hand. Das Spiel wird eröffnet, indem einer von euch die Zielkugel ins Feld wirft.

Nun versuchen alle, ihre Bälle durch geschickte Würfe möglichst nahe an die Zielkugel zu werfen. Der Älteste kommt zuerst an die Reihe.
Hat auch der jüngste Spieler seinen Wurf ausgeführt, darf er seine zweite Kugel gleich hinterherschicken. Nun geht die Reihe rückwärts und endet wieder beim ältesten Spieler.

Zum Boccia-Meister gekürt wird derjenige, dessen Kugel den kleinsten Abstand zur Zielkugel hat.

Aber Achtung! Manch einer sah schon wie der sichere Sieger aus, bis der Wurf eines Konkurrenten seine Kugel wieder verdrängte. Das ist durchaus erlaubt und macht das Spiel so richtig spannend!

Geschicklich-keitsspiel für draußen

ab 8 Jahren

Spieler: 2–4

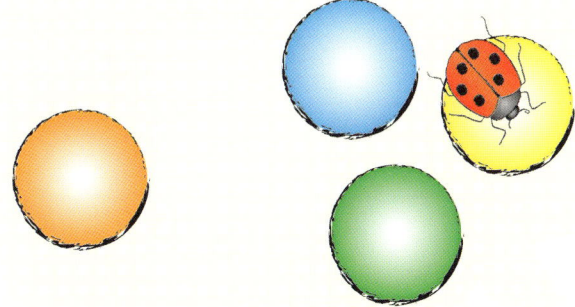

Steinspringen

Geschicklich-
keitsspiel für
draußen

ab 10 Jahren

Spieler: 1–5

Beim Steinspringen braucht man ein bisschen Übung, um die perfekte Wurftechnik zu entwickeln.

Vorbereitung:
Für dieses Spiel benötigt ihr ein großes, möglichst ruhiges Gewässer. Seen oder Schwimmbecken eignen sich sehr gut, ein Gartenteich wäre zu klein.

Sucht vor Spielbeginn ein paar Steine, die flach und etwa so groß wie ein Zweieurostück sind.

Ganz wichtig: Achtet darauf, wohin ihr werft, damit ihr nicht ein Tier oder gar Menschen trefft. Außerdem dürfen nur Kinder mitmachen, die schon schwimmen können.

Und so gehts:
Markiert einen Punkt, von dem aus alle Spieler ihre Würfe ausführen. Er sollte ungefähr einen Meter vom Ufer entfernt liegen. Passt auf, dass der Boden nicht zu matschig oder zu rutschig ist!

Alle Spieler bekommen einen Stein. Jeder wirft sein Geschoss so, dass es möglichst häufig auf der Wasseroberfläche aufschlägt, bevor es untergeht.

Ihr werdet schnell feststellen, dass man eine bestimmte Wurftechnik braucht, sonst plumpst der Stein einfach nur ins Wasser. Der Trick dabei ist, den Stein nicht von oben zu werfen, sondern leicht in die Knie zu gehen.

Die Wurfbahn sollte waagerecht zur Wasseroberfläche verlaufen. Außerdem müsst ihr dem Stein ein wenig Drall mitgeben. Sobald ihr den Bogen raus habt, könnt ihr gegeneinander antreten.

Führt nacheinander eure Würfe aus. Zählt gemeinsam, wie oft das Geschoss aufschlägt. Sieger ist derjenige, dessen Stein sich am längsten über Wasser halten kann.

Kastanienwerfen

Dieses Spiel eignet sich sehr gut für den Schulhof, weil man einen Boden braucht, auf den man mit Kreide ein Muster malen kann.

Vorbereitung:
Besorgt mehrere Kastanien, ein Stück Kreide und eine runde Schablone. Sie sollte die Größe eines kleinen Tellers haben.

Und so gehts:
Nehmt die Schablone und die Kreide. Malt damit zehn Kreise auf den Boden, die pyramidenförmig angeordnet sind, und nummeriert sie von eins bis zehn. Orientiert euch dabei an der Abbildung auf dieser Seite.

Nun fehlt nur noch die Startlinie. Sie sollte zwei Meter Abstand zu den unteren vier Kreisen haben. Stellt euch an diesem Startpunkt auf.

Das Spiel geht über zwei Runden. Im ersten Durchgang versucht jeder Spieler, seine Kastanie geschickt in einen Kreis zu werfen. Für jeden Treffer gibt es Punkte. Trefft ihr Kreis Nummer eins, bekommt ihr einen Punkt. Landet eure Kastanie im Kreis an der Spitze, werden euch sogar zehn Punkte gutgeschrieben. Die Zahl der Punkte richtet sich also nach der Zahl im Kreis. Es zählen dabei auch Treffer, die den Rand berühren. Landet das Geschoss außerhalb des Trefferfelds, gibt es keine Punkte.

In der zweiten Runde geht ihr in die Knie und rollt die Kastanien. Am Ende werden die Punkte aus beiden Runden zusammengezählt. Wer hat die meisten Punkte und ist der Champion im Kastanienwerfen?

Übrigens: Sollten euch keine Kastanien zur Verfügung stehen, verwendet einfach Walnüsse oder kleine Steine.

Wettpusten

Beim Wettpusten liefern sich zwei Spieler ein Duell. Falls noch mehr Kinder mitmachen wollen, veranstaltet einfach ein Turnier.

Vorbereitung:
Dieses Spiel wird an einem Tisch mit glatter Oberfläche ausgetragen. Ihr benötigt dazu dicke Strohhalme und einen Tischtennisball oder ein Papierkügelchen.

Und so gehts:
Die zwei Gegner sitzen sich am Tisch gegenüber. Jeder hat einen Strohhalm in der Hand.

Der Abstand zwischen den Spielern darf nicht größer als 80 Zentimeter sein – setzt euch also an die Längsseite des Tischs.

Beide Kinder nehmen einen Strohhalm in den Mund. Mit einer Hand halten sie ihn fest, die andere kommt hinter den Rücken. Nun wird der Tischtennisball mittig auf der Spielfläche positioniert. Er muss dort völlig ruhig liegen.

Das Duell beginnt! Die Spieler pusten kräftig durch ihre Strohhalme und zielen dabei auf den Ball. Durch die Luft kommt dieser in Bewegung.

Jeder versucht, die Kugel von seiner Tischhälfte fernzuhalten und in Richtung des Gegners zu blasen. Es ist erlaubt, sich über den Tisch zu beugen, um möglichst nahe am Ball zu sein. Gebt nur acht, dass er nicht vom Strohhalm berührt wird.

Schafft es ein Kind, den Ball über die gegenüberliegende Tischkante zu pusten, hat es gewonnen.

Röhrchenstaffel

Wie beim Wettpusten wird auch bei der Röhrchenstaffel mit Strohhalmen gekämpft. Allerdings können an diesem Spiel mehrere Kinder teilnehmen.

Vorbereitung:
Verteilt dicke Strohhalme an alle Mitspieler. Besorgt außerdem zwei kleine Papierstückchen. Malt auf das eine ein rotes Kreuz, auf das andere ein blaues.

Und so gehts:
Die beiden Papierschnipsel werden auf einen Tisch gelegt. Gründet nun zwei gleich große Teams. Die Mitglieder jeder Mannschaft stellen sich der Größe nach an einer Linie auf.

Während der Röhrchenstaffel stehen sich die Gegner Auge in Auge an zwei Linien gegenüber. Jeder Spieler nimmt sein Röhrchen in den Mund und hält es nahe den Lippen mit einer Hand fest.

Die kleinsten Kinder jeder Mannschaft eröffnen die Staffel. Sie saugen wie kleine Staubsauger jeweils einen der Papierschnipsel mithilfe des Strohhalms an.

Das Papier vom Tisch zu bekommen, ist relativ einfach. Doch der Schnipsel muss anschließend an den Nebenmann weitergegeben werden! Der Moment der Übergabe ist wirklich am schwierigsten.

Vergesst nicht: Das Papier darf nur durch Saugen von einem Strohhalm zum anderen wandern. Es ist zu keiner Zeit erlaubt, die Hände zu benutzen!

Verliert eine Mannschaft ihren Schnipsel, beginnt die Röhrchenstaffel für dieses Team wieder von vorn. Ist das Papierstück beim letzten Spieler in der Reihe angekommen, muss er es wieder auf dem Tisch ablegen. Welchem Team gelingt das als Erstes?

Der geschickte Kellner

Ist euch schon einmal aufgefallen, wie geschickt Kellner in Restaurants mit Gläsern und Tellern balancieren können? Ob ihr auch talentierte Kellner seid, könnt ihr bei diesem Spiel herausfinden.

Vorbereitung:
Für dieses Spiel benötigt ihr einen Stuhl, einen Messbecher, eine Stoppuhr, zwei Tabletts und acht gleich große Plastikbecher. Füllt die Becher randvoll mit Wasser und verteilt sie auf den beiden Tabletts.

Und so gehts:
„Der geschickte Kellner" ist eine Art Wettrennen. Dabei laufen zwei Spieler innerhalb einer vorgegebenen Zeit gleichzeitig dieselbe Strecke ab. Doch Schnelligkeit allein bringt noch nicht den Sieg.

Jeder Spieler muss nämlich bei seinem Lauf ein Tablett mit vier Wasserbechern balancieren. Gewinner ist nicht, wer zuerst das Ziel erreicht, sondern wer weniger Wasser verschüttet!

Die Gegner stellen sich an einer Linie auf. Mindestens acht Meter entfernt davon positioniert ihr einen Gegenstand, am besten einen Stuhl.

Bevor das Spiel beginnt, gibt es einen Probewettlauf. Jeder Spieler umläuft, so schnell es geht, den Stuhl und stürmt wieder zur Startlinie zurück. Hat der erste Läufer das Ziel erreicht, wird seine Zeit gestoppt und mal zwei genommen.

Damit habt ihr die Zeitvorgabe, wie lange der Lauf mit den Tabletts höchstens dauern darf.

Jetzt gehts los. Auf ein Startkommando absolvieren beide Spieler den Parcours ein weiteres Mal, allerdings dieses Mal mit den Tabletts. Das ist ganz schön schwierig!

Wer zu schnell rennt und das Tablett nicht ruhig hält, wird viel Wasser verschütten. Andererseits darf ein Spieler auch nicht zu vorsichtig sein, denn er muss die Ziellinie überqueren, bevor die Zeit abgelaufen ist. Sonst hat er verloren.

Sind beide Gegner im Ziel, schüttet jeder seine Wasserreste aus den Bechern in den großen Messbecher. Wer mehr Flüssigkeit über die Linie retten konnte, ist der bessere Kellner und hat gewonnen.

Streichholzstapeln

„Streichholzstapeln" ist eines der ruhigsten und langsamsten Spiele überhaupt. Trotzdem werdet ihr feststellen, dass die Spannung mit jeder Runde zunimmt und kurz vor Schluss kaum mehr auszuhalten ist!

Vorbereitung:
Ihr benötigt mehrere Schachteln Streichhölzer und eine Glasflasche, deren Hals möglichst dick ist.

Und so gehts:
Die Hölzer werden gerecht an die Mitspieler verteilt. Jedes Kind sollte mindestens zehn davon bekommen.

Alle setzen sich in einem Kreis auf den Boden, die Flasche kommt in die Mitte. Pro Runde legen alle Spieler reihum jeweils ein Streichholz auf dem Flaschenhals ab. So wird der Stapel nach und nach immer höher, gleichzeitig aber auch wackliger!

Die Kunst ist, das Zündholz mit ruhiger Hand so geschickt abzulegen, dass der Stapel nicht ins Wanken gerät. Wer den Turm zum Einsturz bringt, hat verloren und scheidet aus.

Hier noch ein kleiner Tipp! Je stabiler das Fundament des Stapels ist, desto höher kann gebaut werden. Legt daher die ersten beiden Hölzer nebeneinander auf den Flaschenhals. Das dritte und vierte Holz bilden die zweite Stufe. Auch sie liegen nebeneinander, jedoch quer zu den ersten beiden Hölzern. Dieses Gittermuster ist eine gute Basis für euren Turm!

Falls es nicht so richtig klappen will mit dem Stapeln, dann lasst die Flasche einfach weg. Man kann die Hölzer auch auf flachem Untergrund stapeln, das macht die Sache etwas leichter!

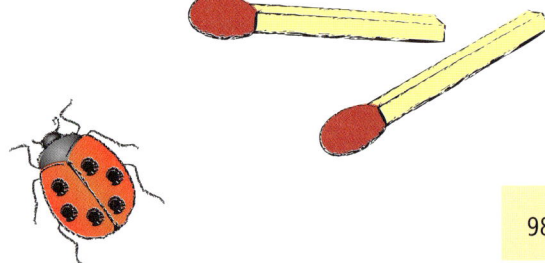

Das Kartenhaus

Ein Kartenhaus zu bauen, ist nicht einfach. Doch wer es geschickt anstellt, kann ein richtig großes Kunstwerk schaffen!

Vorbereitung:
Ihr benötigt ein Set Spielkarten oder viele quadratische Bierdeckel.

Und so gehts:
Der Wettbewerb der Baumeister geht über zwei Runden. In der ersten Runde werden die Karten so aufgestellt, dass sie ein dreistöckiges Gebäude ergeben.

Setzt euch dazu an einen Tisch und achtet darauf, dass eure Bauplätze nicht im Durchzug stehen. Nun nimmt jeder Spieler zwei Karten und stellt sie auf die kürzere Seite. Baut damit ein kleines Dach! Wenn die Karten sich oben am Giebel berühren, stützen sie sich gegenseitig.

Links und rechts davon werden noch zwei weitere Dächer erstellt. Legt dann der Länge nach zwei Spielkarten auf die drei Giebel. Wenn ihr geschickt seid, tragen die Dachspitzen die Karten mühelos.

Die erste Etage ist fertig! Darauf kommen nochmals zwei Dächer, oben verbunden durch eine Karte. Das ist der zweite Stock. Das letzte Dach steht ganz oben und bildet die Spitze.

Ihr werdet feststellen, dass sich euer Haus nur mit ruhiger Hand bauen lässt. Sollte es zusammenstürzen, müsst ihr nochmals von vorn beginnen. Die erste Runde gewinnt der Architekt, dessen Haus zuerst steht!

Im zweiten Teil des Wettbewerbs muss jeder Baumeister eine Karte aus seinem Haus ziehen, ohne dass dieses zusammenklappt. Dabei wird sich zeigen, ob das am schnellsten gebaute Kartenhaus auch das stabilste ist!

Geschicklichkeitsspiel für drinnen

ab 6 Jahren

Spieler: 1–2

Afrikanischer Wettlauf

**Geschicklich-
keitsspiel**

ab 6 Jahren

Spieler: 2–20

Wusstet ihr, dass die Afrikaner manchmal kilometerweit laufen müssen, um das Wasser für ihre Familien zu holen? Dabei transportieren sie die schweren Eimer auf ihrem Kopf! Dass man dafür eine gute Balance benötigt, wirst du beim Afrikanischen Wettlauf schnell herausfinden!

Vorbereitung:
Für dieses Spiel braucht ihr zwei Bücher mit hartem Deckel, die die gleiche Form und das gleiche Gewicht haben.

Und so gehts:
Ein Spieler macht von einer Wand aus 20 große Schritte und bleibt stehen. Vor seiner Fußspitze wird die Startlinie markiert. Gründet nun zwei Mannschaften. Bei einer ungeraden Spieleranzahl darf ein Spieler aus dem kleineren Team zweimal zum Wettlauf antreten.

Beide Teams bilden eine Schlange und stellen sich nebeneinander an der Startlinie auf. Die zwei vorderen Spieler legen sich jeweils ein Buch auf den Kopf. Liegen diese Bücher stabil, dürfen sie nicht mehr berührt werden. Die Arme bleiben während des Wettlaufs unten!

Kaum ist der Startschuss gefallen, laufen die beiden Gegner zur Wand, berühren diese und kehren wieder zurück. Dabei darf das Buch nicht herunterfallen. Verliert es ein Spieler doch, muss er es aufheben und einen großen Schritt zurück machen.

Erst, wenn das Buch wieder sicher auf dem Kopf liegt, darf er weiterlaufen. Hat ein Kind das Ziel erreicht, übergibt es sein Buch an das nächste Teammitglied. Es siegt die Mannschaft, die das Buch schneller und geschickter transportieren kann!

Partyspiele

Blinde Kuh

**Partyspiel
für drinnen und
draußen**

ab 5 Jahren

Spieler: 4–10

Dieses Spiel ist sehr alt – es wurde schon vor Hunderten von Jahren an den königlichen Höfen gespielt!

Vorbereitung:
Ihr benötigt ein Tuch, mit dem man die Augen verbinden kann.

Und so gehts:
Bestimmt ein quadratisches Spielfeld. Die Fläche sollte nicht zu groß sein. Außerdem darf dort nichts stehen, woran man sich stoßen oder über das man stolpern kann.

Findet nun die „blinde Kuh" mit dem Abzählreim: „Ene mene muh, die blinde Kuh bist du!" Verbindet ihr die Augen und führt sie in die Mitte des Spielfelds.

Dort dreht sie sich dreimal im Kreis und zählt bis zehn. In dieser Zeit verteilen sich die Mitspieler auf dem Spielfeld. Dann begibt sich das Kind in der Mitte vorsichtig auf die Suche und versucht, die anderen zu fangen. Verlässt es dabei die markierte Fläche, rufen alle Kinder „Zurück!".

Die Mitspieler können sich frei auf dem Feld bewegen und die „blinde Kuh" sogar ärgern, indem sie an ihrer Kleidung zupfen oder nach ihr rufen. Dabei läuft man aber auch Gefahr, von ihr geschnappt zu werden!

Gelingt es dem Fänger, ein anderes Kind zu berühren, darf er seine Augenbinde abnehmen. Das gefangene Kind ist die nächste „blinde Kuh".

Abwandlung:
Die „blinde Kuh" muss den Spieler, den sie gefangen hat, durch Abtasten des Gesichts erkennen. Rät sie falsch, ist der Gefangene wieder frei und das Spiel geht weiter.

Topfschlagen

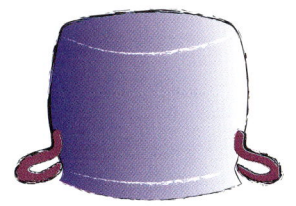

Topfschlagen ist auf Geburtstagsfeiern sehr beliebt, denn dabei wird in der Regel um kleine Geschenke gespielt. Das ist natürlich ein besonderer Ansporn für die Topfsucher.

Vorbereitung:
Steht euch kein Topf zur Verfügung, nehmt einen Eimer oder eine Plastikschüssel. Besorgt außerdem einen Kochlöffel und einen Schal, mit dem man sich die Augen verbinden kann. Wollt ihr die erfolgreiche Suche belohnen, benötigt ihr Süßigkeiten oder kleine Geschenke.

Und so gehts:
Bestimmt eine Spielfläche und befreit diese von sämtlichen Hindernissen und Stolperfallen.

Der älteste Spieler macht den Anfang. Ihm werden die Augen verbunden. Sobald das Kind nichts mehr sehen kann, stellen seine Mitspieler innerhalb des Spielfelds den Topf auf. Er steht „auf dem Kopf", zeigt also mit dem Boden nach oben. Darunter versteckt ihr ein Geschenk.

Bevor die Suche beginnt, drehen alle Kinder den „blinden" Mitspieler im Kreis. Dann kniet er sich vorsichtig hin. Gesucht wird auf allen vieren! Der Spieler bewegt sich krabbelnd vorwärts. Dabei klopft er ständig mit dem Kochlöffel auf den Boden.

Hat er den Topf gefunden und mit dem Löffel daraufgeschlagen, darf er seine Belohnung einkassieren. Dann ist das nächste Kind an der Reihe.

Übrigens können die Mitspieler dem Topfsucher helfen. Bewegt er sich in die richtige Richtung, rufen alle „Wärmer!". Krabbelt er jedoch vom Topf weg, schreien alle „Kalt!".

Partyspiel für drinnen und draußen

ab 5 Jahren

Spieler: 3–7

Eierlauf

Der Eierlauf ist im Grunde ein klassisches Wettrennen, bei dem jeder gegen jeden antritt. Dabei muss jedoch das Ei ebenso heil im Ziel ankommen wie der Läufer.

Vorbereitung:

Jedes Kind erhält vor Spielbeginn einen großen Esslöffel und ein gekochtes Ei.

Traditionell wird der Eierlauf auf weichem Rasen ausgetragen. Steht euch nur ein harter Boden zur Verfügung, benutzt lieber Tischtennisbälle. Sonst werden die Eier beim Runterfallen zu stark beschädigt.

Und so gehts:

Markiert im Abstand von etwa acht bis zehn Metern zwei Linien. Stellt euch an einer davon auf. Nehmt euren Löffel in eine Hand und legt ein Ei darauf. Die freie Hand wird hinter dem Rücken versteckt.

Der älteste Spieler gibt das Startkommando: „Eins, zwei, los!" Alle Kinder laufen nun mit dem Löffel in der Hand los. Aber Achtung: Wer zu eifrig voranstürmt, dem rutscht möglicherweise das Ei vom Löffel.

In diesem Fall muss der Spieler sofort anhalten. Er darf erst weiterlaufen, wenn er das Ei wieder auf seinen Löffel gelegt hat.

Wer erreicht das Ziel am schnellsten? Derjenige hat gewonnen und darf als Erster sein Ei genießen.

Abwandlung:

Ist euch das Spiel zu einfach? Dann versucht doch einmal, den Löffel mit dem Mund festzuhalten und so das Ei ins Ziel zu balancieren.

Schokoladenessen

Bei diesem Spiel geht es nicht um die Wurst, sondern um die Schokolade! Wer ist schnell genug und sichert sich das größte Stück?

Vorbereitung:
Dieser Wettbewerb wird am Esstisch ausgetragen. Vorab zu besorgen sind: eine Tafel Schokolade, ein paar Wollhandschuhe, eine Mütze, ein Schal, ein kleines Holzbrett, ein Messer, eine Gabel und ein Würfel.

Und so gehts:
Alle Kinder nehmen am Tisch Platz. Packt die Schokolade aus und legt sie auf das Holzbrett.

Der Würfel entscheidet, wer die Schlacht um die Schokolade eröffnet! Es beginnt der Spieler, der die höchste Zahl gewürfelt hat. Dann geht es im Uhrzeigersinn weiter.

Jedes Schleckermaul hofft, eine Sechs zu würfeln. Wem dies gelingt, der muss flink die Handschuhe anziehen, den Schal umlegen und zum Schluss die Mütze aufsetzen.

Erst wenn die Verkleidung komplett ist, darf der Spieler nach dem Besteck greifen und sich über die Schokolade hermachen.

Passt aber auf, dass bei der ganzen Hektik niemand durch das Besteck verletzt wird!

Die anderen Kinder würfeln in der Zwischenzeit weiter. Der amtierende Schokoladenbesitzer darf so lange naschen, bis ein anderer Spieler die Sechs würfelt.

Nun wechseln Handschuhe, Schal, Mütze und Besteck im Eiltempo den Besitzer. Das kann auch passieren, bevor sich ein Spieler ein Stück abschneiden konnte. In diesem Fall ist das Pech des einen die Freude des anderen.

Es wird so lange gewürfelt und gemampft, bis auch der letzte Schokokrümel verschwunden ist.

Reise nach Jerusalem

Partyspiel für drinnen

ab 5 Jahren

Spieler: 6–14

Bei dieser Reise sind die Plätze begrenzt. Wer einen ergattern will, muss blitzschnell sein!

Vorbereitung:
Stellt Stühle im Kreis auf und zwar so, dass die Rückenlehnen innen sind. Achtet darauf, dass es zwei Stühle weniger als Mitspieler sind. Organisiert außerdem einen CD-Player oder ein Radio.

Und so gehts:
Bestimmt einen Spielleiter. Er bedient den CD-Spieler oder das Radio. Alle anderen Kinder bilden einen Kreis um die Stühle herum.

Die „Reise nach Jerusalem" beginnt, sobald der Spielleiter die Musik einschaltet. Von diesem Moment an bewegt sich die Reisegesellschaft tanzend vorwärts. Die Spieler drehen fröhlich ihre Runden, immer im Uhrzeigersinn.

Irgendwann schaltet der Spielleiter die Musik plötzlich ab. Jetzt muss sich jedes Kind sofort einen Platz suchen und sich ganz schnell hinsetzen.

Da es ja weniger Stühle als Mitspieler gibt, wird ein Kind keine Sitzgelegenheit finden und muss somit leider ausscheiden.

Bevor die nächste Runde beginnt, wird ein Stuhl entfernt. Dann geht das Spiel weiter. Wieder gibt es mehr Reisende als Plätze.

Da nach jeder Runde ein Kind die Reisegruppe verlässt und gleichzeitig ein Stuhl aus dem Spiel genommen wird, bleiben am Ende nur noch zwei Spieler übrig. Sie kämpfen um den letzten Platz. Derjenige, der ihn besetzt, ist der Sieger.

Apfelsinenschlange

Bei diesem Spiel dreht sich alles um eine Apfelsine. Sie darf auf keinen Fall auf den Boden fallen.

Vorbereitung:
Ihr benötigt zwei gleich große Orangen. Ihr könnt aber auch Grapefruits, Äpfel oder Tennisbälle verwenden.

Und so gehts:
Die „Apfelsinenschlange" ist ein Wettkampf, bei dem sich zwei Mannschaften gegenüberstehen.

Das größte und das kleinste Kind sind jeweils die Teamchefs. Der Kleinere sucht sich zuerst einen Spieler aus, der zu seiner Mannschaft gehören soll. Dann wählt der Gegner einen Teampartner. So geht es im Wechsel weiter, bis alle Kinder auf zwei Mannschaften verteilt sind.

Beide Gruppen stellen sich an zwei Linien gegenüber auf. Der Abstand sollte ungefähr zwei Meter betragen. Die Teamchefs stehen vorn.

Sie klemmen sich jeweils eine Orange mit dem Kinn auf die Brust. Alle Kinder haben ihre Arme während des gesamten Spiels auf dem Rücken verschränkt.

Die Chefs geben nun ihre Orange an die Nebenmänner weiter. Diese müssen ganz schön beweglich sein, denn sie dürfen die Hände nicht zu Hilfe nehmen. So wandert die Apfelsine von Kinn zu Kinn.

Es siegt das Team, dessen Orange zuerst beim letzten Spieler ankommt. Fällt die Frucht während eines Übergabema-növers zu Boden, wird sie dem Teamchef übergeben. Die Gruppe muss dann wieder von vorn beginnen.

Partyspiel für drinnen und draußen

ab 5 Jahren

Spieler: 10–20

Armer schwarzer Kater!

Partyspiel für drinnen und draußen

ab 5 Jahren

Spieler: 6–10

Bei diesem Spiel gibt es nur eine Regel, die es unbedingt zu befolgen gilt. Sie lautet: Cool bleiben und auf gar keinen Fall lachen, denn das ist verboten!

Und so gehts:
Das Kind, das die meisten schwarzen Kleidungsstücke trägt oder die dunkelsten Haare hat, übernimmt zuerst die Rolle des schwarzen Katers.

Setzt euch im Kreis hin. Der Kater schlüpft in die Mitte. Seine Aufgabe ist es, zu einem beliebigen Mitspieler zu krabbeln und diesen zum Lachen zu bringen.

Er darf miauen, fauchen, treu gucken, Grimassen ziehen, die Krallen ausfahren, traurig jammern oder seinen Kopf am Bein des Mitspielers reiben.

Das Kind streichelt den Kater und versucht, dabei keine Miene zu verziehen. Es muss den Kater außerdem trösten, indem es dreimal laut sagt: „Du armer schwarzer Kater!" Wichtig ist, dass dem Spieler seine tröstenden Worte ohne ein Kichern oder Glucksen über die Lippen kommen.

Klingt eigentlich ganz leicht, ist es aber nicht! Alle anderen dürfen nämlich über das komische Schauspiel herzhaft lachen. Stecken sie ihren Mitspieler damit an, hat dieser verloren. Dann muss er in die Rolle des schwarzen Katers schlüpfen und die nächste Runde beginnt.

Gelingt es dem Kater nicht, das Kind zum Lachen zu bringen, muss er sein Glück bei jemand anderem versuchen. Bleiben auch ein zweiter und ein dritter Versuch ohne Erfolg, dürfen die Mitspieler den armen Stubentiger einmal durchkitzeln!

Nach dieser Attacke ist der glücklose Kater jedoch erlöst und darf einen Nachfolger wählen.

Zungenbrecher

Zungenbrecher sind Sätze, die sich nur ganz schwer aussprechen lassen. Der Grund: Die Sätze bestehen aus vielen ähnlichen Wörtern.

Und so gehts:
Bei diesem Spiel muss jedes Kind einen lustigen Satz in zügigem Tempo aufsagen. Dabei ist höchste Konzentration gefragt. Die Mitspieler zählen nämlich jeden Fehler! Wer sich am wenigsten verhaspelt, ist der Champion unter den Schnellsprechern.

Kennt ihr keine Zungenbrecher? Versucht doch, die folgenden Sätze fehlerfrei aufzusagen:

- Als Anna abends aß, aß Anna abends Ananas.

- Bürsten mit schwarzen Borsten bürsten besser als Bürsten mit weißen Borsten.

- Zwischen zwei Zwetschgenbaumzweigen zwitschern zwei geschwätzige Schwalben.

- Zwanzig Zwerge machen Handstand – zehn am Sandstrand, zehn im Wandschrank.

- Zwölf zischelnde Schlangen schlängeln sich zwischen zwei spitzen Steinen.

- Der Leutnant von Leuthen befahl seinen Leuten, nicht eher zu läuten, bevor der Leutnant von Leuthen seinen Leuten zu läuten befahl.

- Hinter Hannes Hermanns Haus hängen hundert Hemden raus. Hundert Hemden hängen raus, hinter Hannes Hermanns Haus.

- Der Flugplatzspatz nahm auf dem Flugplatz Platz. Auf dem Flugplatz nahm der Flugplatzspatz Platz.

- Fischers Fritz fischt frische Fische, frische Fische fischt Fischers Fritz.

- Brunos Brummi brummt in Ulm, um Ulm und um Ulm herum.

- Brautkleid bleibt Brautkleid und Blaukraut bleibt Blaukraut.

Partyspiel für drinnen und draußen

ab 5 Jahren

Spieler: 2–6

Peter und Paul

Dieses Spiel bietet besonders viele Herausforderungen: Ihr müsst gleichzeitig eine Bewegung ausführen, euch konzentrieren und auf Kommando sprechen.

Und so gehts:
Findet einen Peter und einen Paul mit dem Abzählreim: „Es gluckst das Huhn, es tanzt der Gaul, du bist der Peter, du der Paul!"

Bildet einen Kreis. Rechts neben Peter sitzt Paul. Pauls rechter Nebenmann erhält die Nummer eins, der Nächste rechts davon die Zwei und so weiter. Jeder muss sich seine Zahl merken!

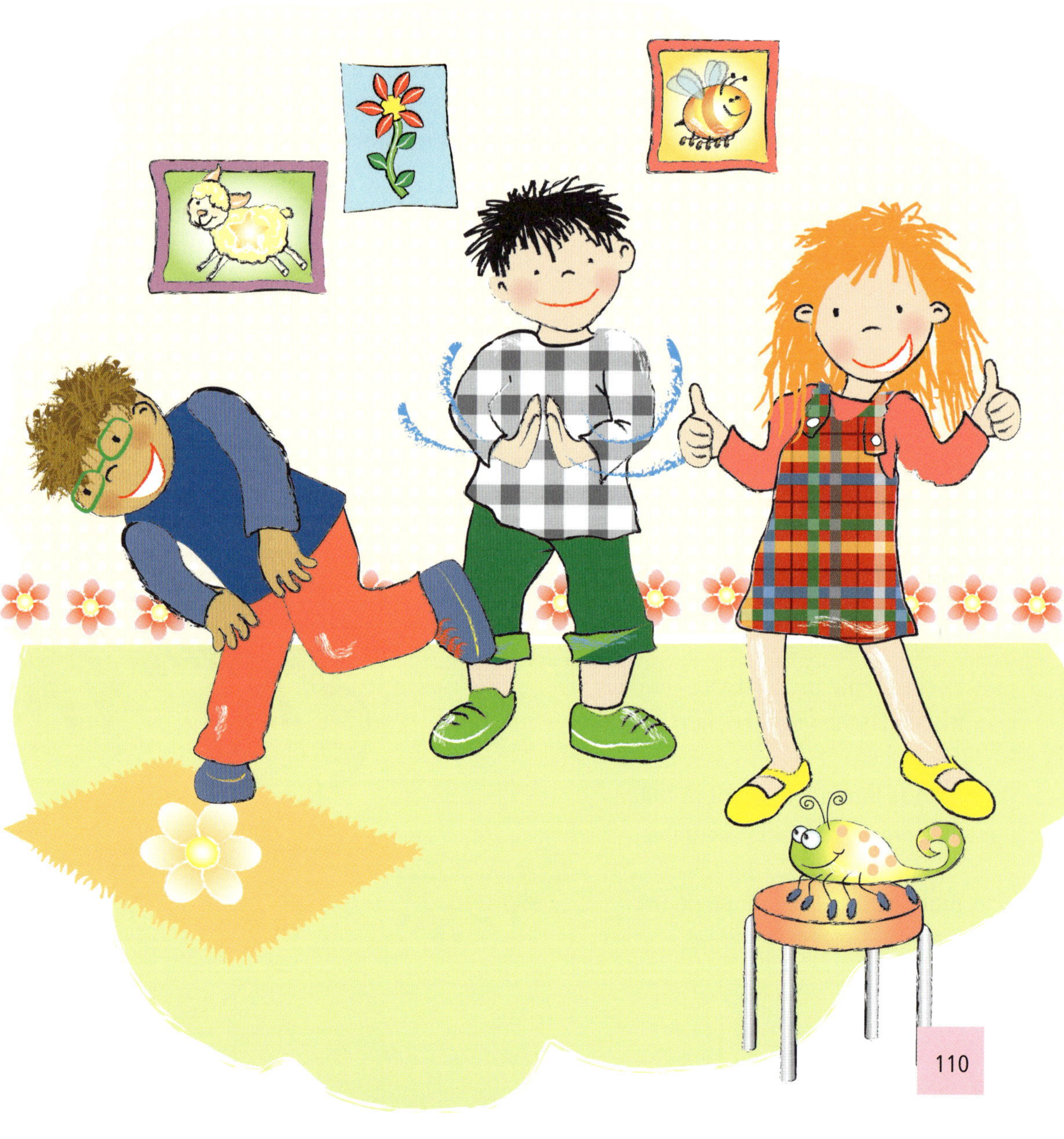

Peter gibt den Takt an. Auf sein Kommando hin klatschen alle Spieler zuerst mit beiden Händen auf die Schenkel und anschließend in die Hände. Danach heißt es: Der rechte Daumen zeigt über die rechte Schulter, der linke gleichzeitig über die linke Schulter nach hinten!

Dazu sprecht ihr noch das Kommando „Peter und Paul!". Bei dem Wort „Peter" wird auf die Schenkel geklopft, beim Wort „und" in die Hände geklatscht und bei „Paul" sind die Daumen dran.

Führen alle Kinder im Gleichtakt dieselben Bewegungen aus, sagt Peter: „Peter ruft Paul!" Die Bewegungen gehen indessen weiter. Alle Mitspieler antworten mit den Worten: „Peter und Paul."

Da Peter eben Paul gerufen hat, ist dieser nun an der Reihe. Er überlegt sich, welcher Spieler als Nächstes drankommen soll. Vielleicht die Nummer fünf? Dann würde Paul sagen: „Paul ruft Fünf". Bevor die Fünf antwortet, kommt wieder die Zwischenzeile aller anderen Kinder: „Peter und Paul."

Da der Spieler mit der Nummer fünf aufgerufen wurde, muss er antworten. Er könnte beispielsweise sagen: „Fünf ruft Zwei!" So geht es immer weiter. Ein Spieler ruft einen anderen, dazwischen kommt der Chor mit: „Peter und Paul."

Die Bewegungen werden aber immer von allen Spielern ausgeführt. Verpasst ein gerufenes Kind seinen Einsatz oder macht es einen Fehler, muss es sich links neben Peter setzen. Es wird wieder durchgezählt und alle erhalten neue Nummern. Übrigens können auch Peter und Paul gerufen werden.

Ballontanz

Beim Ballontanz treten Zweierteams gegeneinander an. Je mehr mitmachen und je enger es auf der Tanzfläche wird, desto größer ist der Spaß!

Vorbereitung:
Für dieses Spiel benötigt ihr pro Paar einen runden, prall gefüllten Luftballon. Alle Ballons sollten ungefähr gleich groß sein.

Stellt zudem einen CD-Spieler oder ein Radio auf. Es wäre gut, wenn ihr langsame und schnelle Musikstücke zur Verfügung hättet.

Und so gehts:
Lost einen Spieler aus, der als Spielleiter den CD-Player bedient. Sind beide Teampartner in etwa gleich groß, ist das Spiel einfacher! Stellt euch daher der Größe nach auf. Die beiden kleinsten Kinder bilden ein Team, die beiden zweitkleinsten ebenfalls. Macht nach diesem System weiter.

Die Paare begeben sich auf die Tanzfläche. Die Partner stellen sich so eng es geht zusammen, allerdings ohne sich zu berühren!

Jeder verschränkt seine Arme hinter dem Rücken. Dann klemmen sie einen Ballon zwischen ihre Stirnen.

Jetzt wird getanzt! Die Bewegungen der Tänzer müssen sich dem Takt anpassen. Anfangs ist die Musik noch langsam, doch im Laufe des Spiels wird sie immer schneller.

Trotzdem dürfen die Paare den Ballon nicht verlieren. Auch wenn er verrutscht, ist es nicht erlaubt, die Hände zu Hilfe zu nehmen.

Kann ein Team den Ballon nicht mehr halten, scheidet es aus. Tanzt so lange weiter, bis nur noch ein Paar übrig bleibt.

Wer bin ich?

Bei „Wer bin ich?" wird jeder Spieler zu einer berühmten Persönlichkeit!

Vorbereitung:
Besorgt Stifte, kleine Zettel und Klebeband. Während des Spiels hat jeder einen Zettel auf der Stirn kleben. Befestigt dafür an einer Seite des Papiers einen Klebestreifen.

Und so gehts:
Verteilt Zettel und Stifte an alle Mitspieler. Jeder überlegt sich eine berühmte Person und notiert den Namen auf seinem Papier.

Seid ihr fertig? Dann klebt eure Zettel dem jeweils linken Nachbarn auf die Stirn. Somit sitzen in eurer Runde vielleicht der Papst, Kleopatra, Dieter Bohlen oder Micky Maus. Da keiner der Mitspieler weiß, wer er ist, ist das Ganze sehr lustig.

Nun muss jeder Spieler durch geschickte Fragen herausfinden, welcher Name auf seiner Stirn steht. Die anderen dürfen nur mit „Ja" oder „Nein" antworten.

Der Älteste von euch beginnt. Er fragt zum Beispiel „Bin ich männlich?" oder „Bin ich ein Sportler?" oder vielleicht auch „Bin ich noch am Leben?". Solange die Mitspieler mit „Ja" antworten, geht die Befragung weiter. Bei einem „Nein" ist der Nächste an der Reihe.

Wer zuerst weiß, welcher Name auf seiner Stirn geschrieben steht, ist der Sieger. Trotzdem wird so lange weitergemacht, bis alle berühmten Persönlichkeiten erraten wurden.

Partyspiel für drinnen und draußen

ab 10 Jahren

Spieler: 2–8

Alle Vögel fliegen hoch!

**Partyspiel
für drinnen**

ab 5 Jahren

Spieler: 3–8

Bei diesem Spiel wird absichtlich viel Unsinn erzählt.

Und so gehts:
Wählt einen Spielleiter, der die Ansagen macht. Mit ihm gemeinsam setzt ihr euch an einen Tisch.

Alle trommeln nun mit den Zeigefingern auf die Tischkante. Der Spielleiter sagt laut: „Alle Vögel fliegen hoch … die Amsel!" Bei dem Wort „Amsel" hört er auf zu trommeln und hebt beide Arme in die Höhe. Seine Mitspieler tun genau das Gleiche, denn die Amsel ist ein Vogel, der fliegen kann.

Der Spielleiter wird aber in den nächsten Runden neben den Vögeln auch andere Tiere aufrufen, die keine Flügel haben. Beispielsweise kann er sagen: „Alle Vögel fliegen hoch … der Elefant!"

Auch wenn der Ansager seine Arme hebt, ihr müsst unbedingt weitertrommeln. Wer ihm auf den Leim geht und aufhört zu trommeln, scheidet aus. Umgekehrt ist das Spiel auch für denjenigen zu Ende, der die Arme unten behält, obwohl ein Vogel genannt wurde.

Spielt so lange, bis ein Sieger feststeht.

Abwandlung:
Streckt nicht nur bei Vögeln, sondern auch bei anderen Tieren, die fliegen können, die Hände in die Luft (zum Beispiel bei Bienen).

Kussessen

Gerade bei Geburtstagsfeiern ist das Kussessen sehr beliebt.

Vorbereitung:
Besorgt für jedes Kind, das mitmachen will, einen Schaumkuss. Legt, bevor ihr die Schaumküsse auf den Tisch stellt, ein paar Untersetzer aus. So wird die Tischdecke nicht schmutzig. Die Schaumküsse sollten ganz nah am Tischrand stehen.

Und so gehts:
Jeder Spieler stellt sich bei einem Schaumkuss auf und verschränkt seine Hände auf dem Rücken. „An die Küsse, fertig, los!" Mit diesem Startkommando beginnt das Wettessen.

Jeder vertilgt den Schaumkuss, der vor ihm steht, so schnell wie möglich. Die Hände dürfen dabei nicht zum Einsatz kommen.

Doch aufgepasst! Wer zu gierig in den Schaumkuss beißt, hat am Ende mehr von der süßen Leckerei im Gesicht als im Mund. Das sieht dann zwar lustig aus, bringt den Esser aber um einen Großteil seiner Leckerei!

Partyspiel für drinnen und draußen

ab 5 Jahren

Spieler: 2–20

Sackhüpfen

Sackhüpfen ist nicht nur ein Spiel für Kinder, sondern auch eine Art Sport. Vor mehr als hundert Jahren gab es nämlich bei den Olympischen Spielen im amerikanischen Saint Louis einen Wettbewerb im Sackhüpfen!

Vorbereitung:

Für dieses Spiel benötigt ihr zwei Säcke. Sie müssen so groß sein, dass ihr darin stehen könnt und der Rand bis unter eure Arme reicht.

Und so gehts:

Zieht eine Startlinie, die gleichzeitig auch das Ziel ist. Positioniert in einem Abstand von etwa sechs Metern zwei Gegenstände (zum Beispiel Stühle).

Das sind die Wendepunkte. Achtet darauf, dass zwischen den beiden Wendepunkten mindestens fünf Schritte Platz ist.

Bildet jetzt zwei gleich große Mannschaften. Bei ungerader Spieleranzahl darf das Kind, das für das kleinere Team zuerst antritt, am Schluss nochmals eine Extrarunde drehen.

Die Mitglieder jeder Mannschaft stellen sich an der Startlinie hintereinander auf. Die beiden ersten Kinder steigen in die Säcke und ziehen die Enden fest nach oben.

Kaum ist der Startschuss gefallen, hüpfen sie vorwärts. Jeder umrundet einen der Wendepunkte und hopst zurück zu seinem Team.

Im Ziel angekommen heißt es: Schnell raus aus dem Sack, denn der nächste Teampartner steht schon in den Startlöchern! Sobald dieser in den Sack geschlüpft ist, darf er losspringen.

Welche Mannschaft hüpft schneller über den Parcours?

Partyspiel für draußen

ab 5 Jahren

Spieler: 2–10

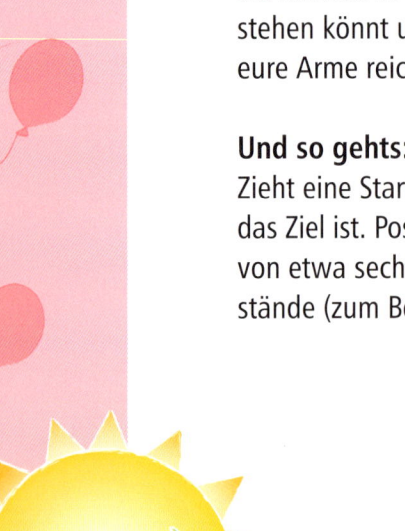

Spieleklassiker

Stille Post

Wisst ihr, wie Gerüchte entstehen? Oftmals beginnt alles mit einer wahren Geschichte. Doch durch Weitererzählen verändert sich deren Inhalt. Mal wird etwas hinzugedichtet, mal etwas weggelassen. Und schon ist das Gerücht geboren.

Bei „Stille Post" werdet ihr feststellen, wie schnell sich ein Satz verändern kann, wenn er nicht richtig weitergegeben wird.

Und so gehts:
Setzt euch in eine Reihe. Einer der äußeren Spieler überlegt sich einen Satz und flüstert ihn seinem Nebenmann leise ins Ohr.

Der Zuhörer spitzt die Ohren und gibt wiederum an seinen Nachbarn weiter, was er eben gehört hat. So „wandert" der Satz von Spieler zu Spieler. Es ist nicht erlaubt, Rückfragen zu stellen, falls ein Kind die Botschaft nicht genau verstanden hat.

Jeder flüstert das weiter, was er glaubt, gehört zu haben. Der letzte Spieler in der Kette gibt laut wieder, was ihm der Vordermann zugeflüstert hat. Anschließend erzählt der erste Spieler, was die ursprüngliche Nachricht war.

Vergleicht beide Botschaften – je mehr Kinder mitmachen, desto stärker wird sich der Satz verändern! Manchmal ergeben die Nachrichten auch gar keinen Sinn mehr; das ist dann besonders lustig.

Schere, Stein, Papier

Habt ihr Lust auf ein kurzes und einfaches Spiel? In diesem Fall ist „Schere, Stein, Papier" genau das Richtige!

Und so gehts:
Die Gegner stehen sich gegenüber. Der linke Arm kommt hinter den Rücken, mit der rechten Hand wird eine Faust geformt.

Nun rufen beide im Chor: „Schere, Stein, Papier!" Dabei werden die Fäuste nach links, nach rechts und wieder zurückgeschwungen.

Ist das letzte Wort gesprochen, stellt jeder Spieler mit seiner rechten Hand ein Symbol dar. Der Stein wird durch eine Faust angezeigt. Für die Schere werden Zeige- und Mittelfinger von der Faust abgespreizt. Eine flach ausgestreckte Hand symbolisiert das Papier. Wichtig ist, dass beide Kinder ihr Symbol gleichzeitig anzeigen.

• Das Blatt gewinnt gegen den Stein, denn es kann den Stein einwickeln.

• Der Stein besiegt die Schere, denn der Stein schleift die Schere.

• Die Schere siegt über das Blatt, weil sich Papier leicht zerschneiden lässt.

• Zeigen beide Kinder das gleiche Symbol, wird der Durchgang wiederholt.

Für jedes gewonnene Duell gibt es einen Punkt. Wer zuerst zehn Punkte hat, hat gewonnen!

Abwandlung:
Erweitert das klassische „Schere, Stein, Papier" um den „Brunnen". Dieser wird angezeigt, indem ihr mit dem Daumen und den restlichen Fingern einen Kreis formt. Der Brunnen schlägt die Schere und den Stein, da beide hineinfallen können. Das Blatt hingegen gewinnt gegen den Brunnen, denn es deckt ihn zu.

Gerade oder ungerade

„Gerade oder ungerade" ist noch einfacher als „Schere, Stein, Papier". Mit diesem Spiel kann man auch schnell etwas auslosen. Wenn sich zum Beispiel zwei Mannschaften in einem Wettkampf gegenüberstehen, kann durch „Gerade oder ungerade" entschieden werden, wer anfangen darf.

Und so gehts:

Spieler A werden die geraden Zahlen zugeteilt (2, 4, 6, 8, 10). Spieler B erhält die ungeraden Zahlen (1, 3, 5, 7, 9). Auf ein Kommando hin zeigen die Gegner gleichzeitig mit ihrer Hand eine Zahl zwischen null und fünf an. Wer beispielsweise die Drei anzeigen will, spreizt drei Finger in die Luft. Bleibt die Faust ganz geschlossen, steht das für die Null.

Die Zahlen beider Spieler werden zusammengezählt. Ist das Ergebnis eine gerade Zahl, gewinnt Spieler A. Bei einem ungeraden Resultat ist Spieler B der Sieger. Zeigen beide Spieler eine Null, wird der Durchgang wiederholt.

Stadt, Land, Fluss

Bei diesem Wissensspiel werden eure Hirnzellen ganz schön auf Trab gebracht!

Vorbereitung:
Besorgt ausreichend Papier und Stifte.

Und so gehts:
Alle Spieler legen ein Blatt Papier quer vor sich hin und unterteilen es in zehn gleich große Spalten. Jede Spalte erhält eine Überschrift in folgender Reihenfolge:

Stadt	Land	Fluss	Tier	Name	Beruf	Pflanze	Berg	Persönlichkeit	Punkte

Der älteste Spieler startet die erste Runde: Er wendet sich seinem rechten Nachbarn zu und beginnt mit „A!". In Gedanken geht er nun das Abc durch, bis sein Nebenmann „Stopp!" sagt.

Der Ansager verkündet, bei welchem Buchstaben er gerade angekommen ist (zum Beispiel bei Z), und gibt das Startkommando.

Jeder Spieler füllt nun möglichst schnell alle Spalten auf seinem Blatt aus. Zuerst muss er eine Stadt finden, die mit dem vorgegebenen Buchstaben anfängt (zum Beispiel Zürich). Dann benötigt er ein Land (Zypern) und einen Fluss (Ziller). So geht es Spalte für Spalte weiter.

Bei der Persönlichkeit darf es sich übrigens sowohl um eine reale als auch um eine erfundene Figur handeln (Zorro).

Wer seine Spalten ausgefüllt hat, ruft „Fertig!". Alle anderen legen daraufhin sofort ihren Stift weg. Dann werden die Zettel nach rechts geschoben. Jeder Spieler liest vor, was seinem Nachbarn eingefallen ist.

Jeder richtige Begriff ergibt einen Punkt. Es gewinnt derjenige, der die höchste Punktzahl erreicht hat.

Ich packe meinen Koffer

Bei diesem Spiel müssen sich die Spieler in kürzester Zeit eine immer länger werdende Wortkette merken. Wer bewältigt diese Aufgabe am besten?

Und so gehts:

Es beginnt das Kind, das zuletzt im Urlaub war. Es sucht sich einen Gegenstand aus, den es in die Ferien mitnehmen würde, und sagt zum Beispiel: „Ich packe meinen Koffer und nehme mit … einen Detektivroman!"

Nun ist der linke Sitznachbar dran. Er möchte eine Taucherbrille einpacken. Doch zuvor muss er wiederholen, was bereits im Koffer liegt. Dementsprechend zählt er auf: „Ich packe meinen Koffer und nehme mit … einen Detektivroman und … eine Taucherbrille!"

Damit ist das nächste Kind an der Reihe und ergänzt beispielsweise: „Ich packe meinen Koffer und nehme mit … einen Detektivroman, eine Taucherbrille und … Sonnencreme!"

Je mehr Gegenstände in den Koffer kommen, desto schwieriger wird es, sie alle aufzuzählen! Wer bei seiner Aufzählung ein Reisegut vergisst, scheidet ebenso aus wie jemand, der die richtige Reihenfolge nicht einhält.

Meister im Kofferpacken ist derjenige, der das beste Gedächtnis hat!

Abwandlung:

Merkt euch nicht nur, welche Gegenstände in den Koffer kommen, sondern überlegt euch auch noch eine passende pantomimische Bewegung dazu.

Bei dem Detektivroman formt der Spieler mit beiden Händen ein Buch. Packt er die Sonnencreme ein, tut er, als creme er sich ein.

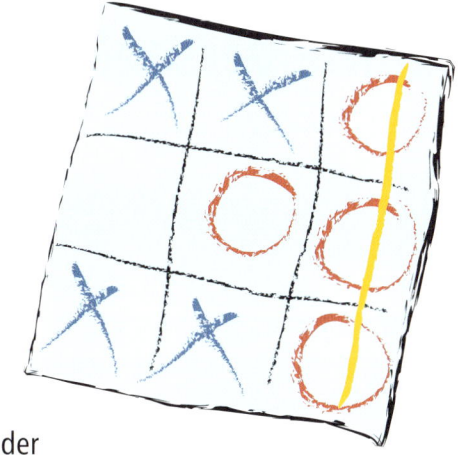

Tic Tac Toe

Dieses schnelle und sehr alte
Strategiespiel ist auch unter dem
Namen „XXO" oder „Drei gewinnt"
bekannt.

Vorbereitung:

Ihr benötigt ein großes Blatt Papier und
zwei Stifte.

Und so gehts:

Zeichnet ein Quadrat auf das Papier.
Unterteilt es in drei Spalten und drei
Zeilen, sodass neun gleich große
Kästchen entstehen.

Wer bei diesem Spiel den ersten Zug
macht, ist im Vorteil. Deshalb entscheidet
das Los über die Startreihenfolge!

Der erste Spieler markiert eines der neun
Kästchen mit einem großen Kreuz. Dann
ist der Gegenspieler an der Reihe. Er
sucht sich ein anderes Kästchen aus und
zeichnet einen Kreis ein. So geht es im
Wechsel weiter.

Jeder
Spieler versucht, mit
seinen Symbolen eine Dreierkette zu
bilden. Die drei Symbole müssen entweder in einer Linie untereinander,
nebeneinander oder diagonal stehen.

Wer zuerst drei Symbole in
einer Linie platzieren kann,
gewinnt. Sind alle
Kästchen belegt, ohne dass
eine Dreierkette entstanden
ist, bleibt das Spiel un-
entschieden. Dann startet
eine neue Runde, wobei nun
der Spieler beginnt, der zuvor erst an
zweiter Stelle kam.

Abwandlung:

Um das Spiel schwieriger zu gestalten,
könnt ihr eine Spalte und eine Zeile
hinzufügen. So kommt ihr auf insgesamt
16 Kästchen. Um zu gewinnen, muss
ein Spieler vier Symbole in eine Reihe
setzen.

Schiffe versenken

Bei „Schiffe versenken" sind Taktik und Glück gefragt.

Vorbereitung:
Benötigt werden zwei Blätter und zwei Stifte.

Und so gehts:
Jeder Spieler markiert auf seinem Blatt zwei Quadrate, die das Meer symbolisieren. In beide Gewässer zeichnet ihr ein Gittermuster mit 100 Kästchen ein. Somit benötigt ihr pro Quadrat zehn Spalten und zehn Zeilen.

Über die erste Spalte schreibt ihr eine Eins. Nummeriert dann die Spalten durch bis zur Zehn. Nun sind die Zeilen an der Reihe: Vor die oberste Zeile kommt ein A und dann geht es weiter im Alphabet.

Sind beide „Meere" beschriftet, zeichnet ihr in eines der Quadrate eure Flotte ein. Sie besteht aus vier Schiffen. Das größte ist das Schlachtschiff, es füllt fünf Kästchen aus. Vier Kästchen groß ist der Kreuzer und drei der Minensucher.

Das kleine U-Boot besteht aus zwei Kästchen. Die Schiffe werden durch Kreuzchen markiert.

Wichtig ist: Die Kreuzchen, die ein Schiff darstellen, müssen in einer geraden und durchgängigen Linie hintereinander oder untereinander liegen und dürfen sich nicht überschneiden.

Verteilt die gleiche Anzahl an Schiffen in euren Meeren. Achtet darauf, dass der Gegenspieler euch dabei nicht beobachten kann. Denn keiner darf wissen, wo die Boote des anderen liegen. Ziel des Spiels ist es nämlich, die Position der gegnerischen Flotte herauszufinden und diese zu versenken!

Der ältere Spieler beginnt, indem er ein Kästchen seiner Wahl aufruft, zum Beispiel B3.

Sein Gegenüber überprüft nun das Kästchen, das in der dritten Spalte und in der Zeile B liegt. Ist dort ein Boot eingezeichnet? Falls ja, sagt er „Treffer!". Befindet sich dort kein Schiff, lautet die Antwort „Wasser!".

Der Angreifer vermerkt im leeren „Meer" auf seinem Blatt, ob er bei B3 einen Treffer landen konnte oder nicht. Anschließend ruft das andere Kind eine Position auf. Im Wechsel fragen die Spieler nun die Kästchen des Gegners ab.

Wer bereits einen Treffer landen konnte, sollte es mit den Feldern ringsum versuchen. Wurde das ganze Boot gefunden und getroffen, heißt es: „Letzter Treffer, Schiff versenkt!"

Es siegt der Spieler, der zuerst alle Schiffe des Gegners versenken konnte.

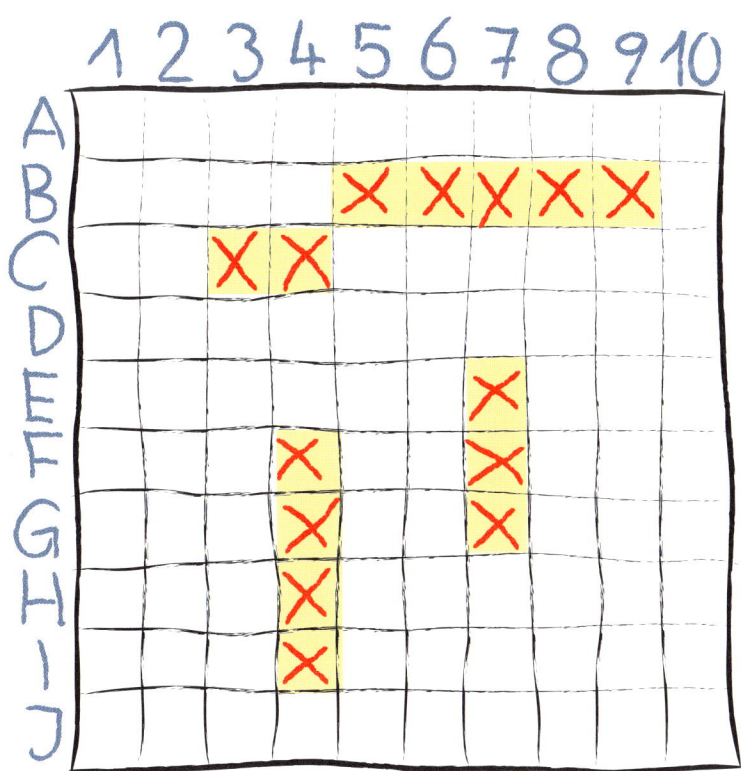

Scharade

Seid ihr gute Schauspieler? Bei Scharade könnt ihr es schnell herausfinden!

Vorbereitung:
Jeder Spieler erhält einen kleinen Zettel. Außerdem benötigt ihr Stifte, zwei Gefäße (zum Beispiel Tassen) und eine Stoppuhr.

Und so gehts:
Bildet zwei gleich große Gruppen und wählt einen Teamchef. Zieht euch nun zurück und schreibt auf jeden Zettel ein zusammengesetztes Hauptwort. Passt auf, dass euch der Gegner nicht belauscht! Die Papierstücke werden gefaltet und in die Mannschaftstasse geworfen.

Dann kommen die Gruppen wieder zusammen. Der Chef von Team A ruft das erste Kind aus Team B zu sich. Dieses zieht ein Zettelchen aus der Tasse und merkt sich, welches Wort darauf zu lesen ist, zum Beispiel „Sonnenblume".

Nun stellt der Spieler das Wort „Sonnenblume" pantomimisch dar. Vielleicht zeigt er erst auf den Himmel und tut dann so, als pflücke er eine Blume. Es ist meist besser, beide Worthälften getrennt zu beschreiben. Aber Achtung: Der Darsteller darf keinen Pieps von sich geben!

Die Mannschaftskollegen versuchen, den Begriff zu erraten. Sie haben dafür fünf Minuten Zeit. Gelingt ihnen das, gibt es dafür einen Punkt und die andere Partei ist dran. Kommen die Ratefüchse nicht auf das gesuchte Wort, wird auch kein Punkt vergeben.

Jedes Kind muss im Laufe des Spiels mindestens einen Begriff darstellen. Sind keine Zettelchen mehr in den Tassen, ist das Spiel zu Ende. Es siegt die Mannschaft, die mehr Punkte hat.

Das Ding

„Das Ding" steht als Platzhalter für einen Begriff, den man erklären soll, aber nicht aussprechen darf.

Vorbereitung:
Besorgt zehn kleine Zettel. Zudem braucht ihr ein paar Stifte und eine Stoppuhr.

Und so gehts:
Bildet zwei Teams. Bestimmt mit diesem Abzählreim pro Mannschaft einen Kapitän: „Es tritt das Pferd, es pfeift das Schwein und du musst unser Käpt'n sein!"

Jedes Team bekommt fünf Zettelchen. Dann verlässt eines den Raum. In Ruhe überlegt sich jede Gruppe fünf zusammengesetzte Hauptwörter. Der Mannschaftskapitän schreibt auf jeden Zettel jeweils einen Begriff.

Sind die Beratungen zu Ende, treffen beide Gruppen wieder aufeinander. Der Kapitän von Team A erhält die fünf Zettel mit den Wörtern, die sich Team B ausgedacht hat. Sein Team setzt sich ihm gegenüber hin.

Die Aufgabe des Mannschaftskapitäns ist es, alle Begriffe nacheinander zu umschreiben, ohne das Wort oder einen Teil davon zu nennen.

Lautet der gesuchte Begriff zum Beispiel „Wasserball", darf er weder die Wörter „Wasser" oder „Gewässer", noch den Begriff „Ball" benutzen. Sonst rufen alle Gegenspieler laut „Fehler!".

Die Teamkollegen müssen die Begriffe erraten. Ist die richtige Lösung gefunden, bekommt die Mannschaft einen Punkt. Macht der Kapitän aber einen Fehler, gibt es einen Punkt für die Gegner!

Jede Gruppe darf insgesamt fünf Minuten lang erklären und raten. Welches Team kann in dieser Zeit mehr Punkte abräumen?

Flaschendrehen

Beim Flaschendrehen bestimmt ihr selbst, wie schwierig es wird, die Aufgaben zu erfüllen.

Vorbereitung:
Ihr benötigt eine leere Flasche mit einem langen Hals, Papier, ein paar Stifte und einen kleinen Sack.

Und so gehts:
Verteilt das Papier an alle Mitspieler. Jeder überlegt sich eine Aufgabe und schreibt sie auf. Achtet aber darauf, dass sie nicht zu schwierig oder gar gefährlich ist. Hier ein paar Beispiele:

• Ziehe eine Grimasse!
• Mache einen Purzelbaum!
• Singe ein Lied, in dem das Wort „Sonne" vorkommt!
• Belle wie ein Hund!
• Halte zehn Sekunden die Luft an!

• Rufe einmal laut: „Simm, samm, summ, ich bin dumm!"
• Hüpfe um die Runde auf einem Bein!
• Besorge ein paar Süßigkeiten!
• Erzähle eine Geschichte, in der all unsere Namen vorkommen!

Wer eine Aufgabe notiert hat, faltet seinen Zettel sorgfältig zusammen und wirft ihn in den Sack.

Setzt euch nun in einem Kreis auf den Boden und legt die Flasche in die Mitte. Der jüngste Spieler beginnt und dreht die Flasche. Sie rotiert um ihre eigene Achse und bleibt zwangsläufig irgendwann stehen. Entscheidend ist, auf welches Kind der Flaschenhals zeigt.

Dieser Spieler zieht einen Zettel aus dem Sack und muss die darauf notierte Aufgabe erfüllen. Gelingt es ihm, dann darf er als Nächster die Flasche drehen. Besteht das Kind seine Herausforderung nicht, bleibt es nur im Spiel, wenn es ein Kleidungsstück als Pfand abgibt. Wer ein zweites Mal patzt, scheidet endgültig aus.

Das Spiel dauert so lange, bis alle Aufgaben erledigt wurden.

Spiele für unterwegs

Bei uns zu Hause

Wer hat das beste Gedächtnis? Bei diesem Familienspiel könnt ihr sogar gegen eure Eltern antreten und beweisen, dass ihr euch besser zu Hause auskennt.

Und so gehts:
Es beginnt immer der älteste Spieler in der Runde. Er denkt sich eine Frage aus, die euer Zuhause betrifft. Natürlich ist es wichtig, dass er selbst die richtige Antwort kennt.

Spannende Fragen können zum Beispiel sein: „Wo liegt unser Hund am liebsten?", „Welche Farbe haben die Fliesen im Badezimmer?" oder „Welche Blumen stehen auf unserer Fensterbank?"

Kaum ist die Frage gestellt, müssen die anderen mit dem Raten beginnen. Wer zuerst die richtige Lösung sagt, erhält einen Punkt und darf sich die nächste Frage ausdenken. Gewonnen hat derjenige, der zuerst fünf Punkte auf seinem Konto hat.

Ihr könnt das Spiel natürlich auch mit Freunden spielen. Dann müsst ihr jedoch Fragen zu einem Ort stellen, den alle gut kennen (zum Beispiel das Klassenzimmer oder der Spielplatz).

Ich sehe was, was du nicht siehst

„Ich sehe was, was du nicht siehst" macht richtig viel Spaß, wenn ihr es an einem Ort spielt, der sehr belebt ist (zum Beispiel in einem Restaurant oder auf dem Bahnhof). Das macht es aber auch schwieriger, denn für den Sieg braucht ihr Augen wie ein Adler!

Und so gehts:
Derjenige von euch, der am buntesten gekleidet ist, sucht sich unauffällig einen Gegenstand in der Umgebung aus und merkt sich die Farbe. Das kann beispielsweise das rote Abzeichen auf einer Reisetasche sein. Dann sagt der Spieler: „Ich sehe was, was du nicht siehst, und das ist rot."

Alle anderen versuchen nun, das Rätsel zu lösen. Sie geben reihum ihren Tipp ab, welcher rote Gegenstand gemeint sein könnte. Wer die richtige Lösung errät, darf die nächste Aufgabe stellen. Das Spiel geht so lange, bis jeder Gegenstand in der Umgebung einmal abgefragt wurde.

Welches Tier ist das?

Nehmt euch etwas Zeit, bevor ihr mit dem Spiel beginnt. Jeder überlegt sich drei Tiere und denkt darüber nach, welche Eigenschaften diese Tiere ausmachen.

Und so gehts:
Derjenige von euch, der zuletzt ein Tier gestreichelt hat, macht den Anfang. Er nennt nach und nach typische Merkmale des Tiers, das es zu erraten gilt.

Nach jeder Eigenschaft wird eine kurze Pause eingelegt und die Mitspieler dürfen einen Lösungsvorschlag machen. Falls die richtige Antwort nicht dabei war, erfahren alle mehr über das gesuchte Tier.

Beispiel:

1. Das Tier hat Augen und einen Mund.
2. Es hat weder Arme noch Beine.
3. Es kann schwimmen.
4. Es hat Schuppen.

Die richtige Lösung ist hier: Fisch.

Wer das Tier zuerst errät, bekommt einen Punkt. Jeder Spieler muss zwei Tiere beschreiben, dann ist das Spiel vorbei. Es gewinnt der, der die meisten Punkte sammeln konnte.

Stück für Stück

Mit genügend Fantasie lässt sich jedes „Stück für Stück"-Rätsel schnell lösen!

Spiel für unterwegs

ab 6 Jahren

Spieler: 2–5

Vorbereitung:

Jeder, der mitmachen will, muss sich eine alte Zeitschrift besorgen und diese nach großen Bildern durchsuchen. Das können abgedruckte Fotos sein, aber auch Zeichnungen oder Werbeanzeigen.

Reißt drei Bilder heraus und wählt auf jedem einen Gegenstand aus, den ihr vorsichtig ausschneidet oder heraustrennt. Die Puzzlestücke schneidet ihr noch einmal in zwei Teile.

Und so gehts:

Der Reihe nach legt jedes Kind den Mitspielern seine Bilder mit den fehlenden Stücken vor. Die anderen müssen nun laut rufen und erraten, welcher Gegenstand ausgeschnitten wurde.

Falls nach ungefähr 30 Sekunden noch niemand auf die richtige Lösung gekommen ist, wird den Spielern die eine Hälfte des fehlenden Puzzlestücks gezeigt. Vielleicht findet jetzt jemand heraus, welcher Gegenstand ausgeschnitten wurde?

Derjenige, der auf die richtige Lösung gekommen ist, darf das Bild behalten. Wer am Ende die meisten Bilder besitzt, ist der Sieger!

Das geheime Ding

Wie gut ist euer Tastsinn? Bei diesem Spiel werdet ihr das schnell herausfinden!

Vorbereitung:
Bestimmt einen Spielleiter. Nehmt dazu den Abzählreim: „Eine kleine Mücke saß auf der Brücke, eine zweite kam dazu und raus bist du!"

Aufgabe des Spielleiters ist es, einen blickdichten Sack mit kleinen Gegenständen zu füllen. Die anderen dürfen ihm dabei natürlich nicht zusehen.

Pro Kind sollten zwei Gegenstände im Säckchen landen. Ganz wichtig: Der Spielleiter muss darauf achten, dass man sich an den ausgesuchten Gegenständen nicht verletzen kann!

Und so gehts:
Alle Kinder bilden einen Kreis. Der Spielleiter hält den Beutel vor das erste Kind. Dieses greift mit einer Hand hinein, fischt nach einem Gegenstand, zieht ihn aber nicht heraus. Jetzt muss es versuchen, den Gegenstand innerhalb von zehn Sekunden zu ertasten. Die anderen zählen laut mit.

Ist die Zeit abgelaufen, kann der Spieler einen Tipp abgeben. Danach darf er das „geheime Ding" aus dem Sack ziehen. Für jeden erratenen Gegenstand gibt es einen Punkt. Hat der Spieler falsch geraten, muss er eine Runde aussetzen.

Falls ein Kind keine Idee hat, was es in seiner Hand hält, bleibt das „geheime Ding" im Beutel. Der Spieler darf in der nächsten Runde sein Glück wieder versuchen.

Das Säckchen macht so lange die Runde, bis es leer ist. Wer die meisten Dinge ertasten konnte, darf als Nächster den Beutel füllen!

Wie heißt das Lied?

Für dieses Spiel müsst ihr nicht gut singen können – wichtig sind die Liedtexte! Bevor es losgeht, sollte sich jeder Spieler ein Lied überlegen und dessen Text in Gedanken durchgehen.

Und so gehts:
Jeder Spieler sucht sich ein Lied und ein Wort aus, das darin eine wichtige Rolle spielt. Der Jüngste darf beginnen. Er sagt: „Mein Lied handelt von ...!" und nennt das entscheidende Wort.

Nun muss sein Nebenmann einen Tipp abgeben. Wenn seine Antwort stimmt, darf er gleich weitermachen und ein Wort aus einem anderen Lied vorgeben.

War die Lösung falsch, ist es an dem Nächsten, das Lied zu erraten. Achtung: Bei „Wie heißt das Lied?" werden die falschen Antworten gezählt. Wenn zum Beispiel ein Song erst beim dritten Mal erraten wird, bekommt der Spieler, der das Wort vorgegeben hat, drei Punkte!

Hat jeder sein Lied präsentiert, werden die Punkte gezählt. Es lohnt sich also, ein Wort vorzugeben, das gleich in mehreren Liedern auftaucht. Je mehr falsche Tipps abgegeben werden, desto mehr Punkte bekommt der Spieler, der sich den Begriff ausgedacht hat!

So kommt zum Beispiel das Wort „Kuckuck" für folgende Lieder infrage: „Kuckuck, Kuckuck, ruft's aus dem Wald", „Auf einem Baum ein Kuckuck saß" oder „Der Kuckuck und der Esel". Um es schwieriger zu machen, könnt ihr aber auch ein Wort aus einer Strophe nehmen.

Klatschvers

Leider reicht auf Reisen der Platz für Bewegungsspiele selten aus. Wenn ihr trotzdem nicht die ganze Zeit still sitzen wollt, macht doch einfach ein paar Klatschverse.

Und so gehts:
Klatschverse sind Reime, zu denen bestimmte Bewegungen ausgeführt werden. Natürlich könnt ihr euch auch selbst ein paar Verse und Bewegungen ausdenken. Oder ihr nehmt den Klatschvers, der auf Seite 137 angeführt ist.

Übt den Text gut, sodass ihr ihn nach einer Weile nicht mehr ablesen müsst, und prägt euch die Abfolge der Bewegungen gut ein. Ziel ist es, den Klatschvers gemeinsam fehlerfrei aufzusagen und dabei die richtigen Bewegungen zu machen. Macht jemand einen Fehler, muss die Gruppe von vorn beginnen.

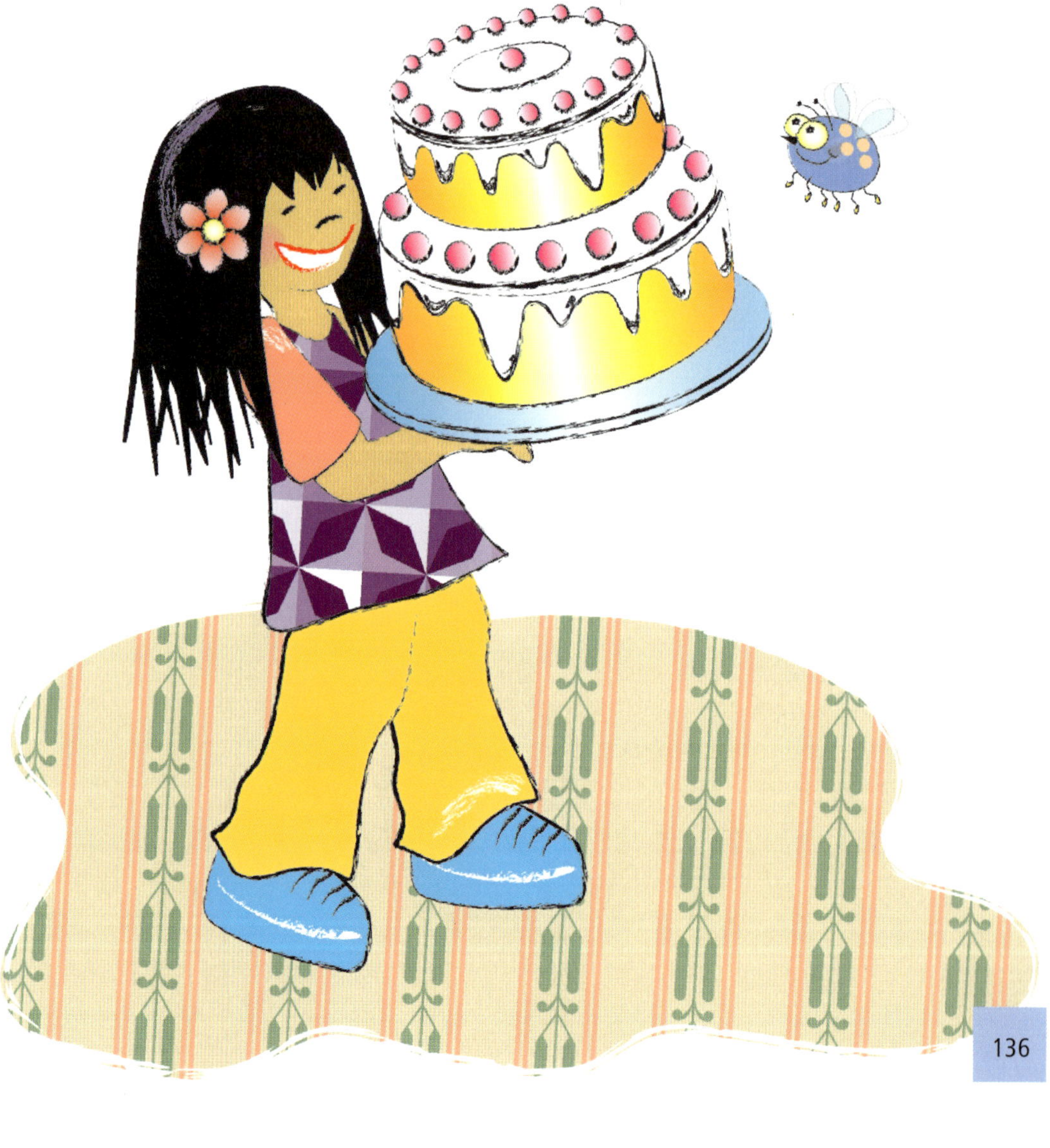

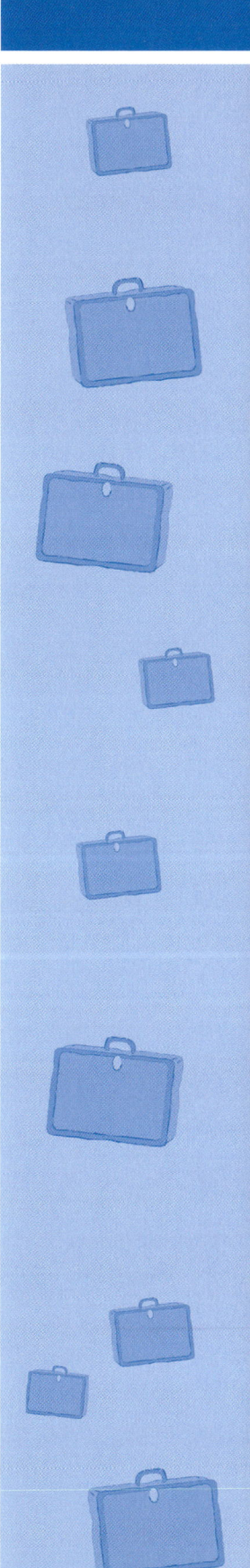

Meine Mutter schickt mich her (für zwei Spieler)

Meine Mu, meine Mu, meine Mutter schickt mich her.
Ob der Ku, ob der Ku, ob der Kuchen fertig wär'.
Wenn er no, wenn er no, wenn er noch nicht fertig wär',
käm' ich mo, käm' ich mo, käm' ich morgen wieder her.

Meine (in die eigenen Hände klatschen)
Mu, (mit beiden Händen in die Hände des Spielpartners klatschen)
meine (in die eigenen Hände klatschen)
Mu, (mit beiden Händen in die Hände des Spielpartners klatschen)
meine (in die eigenen Hände klatschen)
Mutter (mit der rechten Hand in die rechte Hand des Spielpartners klatschen)
schickt mich (in die eigenen Hände klatschen)
her. (mit der linken Hand in die linke Hand des Spielpartners klatschen)

Ob der (in die eigenen Hände klatschen)
Ku, (mit beiden Händen in die Hände des Spielpartners klatschen)
ob der (in die eigenen Hände klatschen)
Ku, (mit beiden Händen in die Hände des Spielpartners klatschen)
ob der (in die eigenen Hände klatschen)
Kuchen (mit der rechten Hand in die rechte Hand des Spielpartners klatschen)
fertig (in die eigenen Hände klatschen)
wär'. (mit der linken Hand in die linke Hand des Spielpartners klatschen)

Wenn er (in die eigenen Hände klatschen)
no, (mit beiden Händen in die Hände des Spielpartners klatschen)
wenn er (in die eigenen Hände klatschen)
no, (mit beiden Händen in die Hände des Spielpartners klatschen)
wenn er (in die eigenen Hände klatschen)
noch nicht (mit der rechten Hand in die rechte Hand des Spielpartners klatschen)
fertig (in die eigenen Hände klatschen)
wär', (mit der linken Hand in die linke Hand des Spielpartners klatschen)
käm' ich (in die eigenen Hände klatschen)
mo, (mit beiden Händen in die Hände des Spielpartners klatschen)
käm' ich (in die eigenen Hände klatschen)
mo, (mit beiden Händen in die Hände des Spielpartners klatschen)
käm' ich (in die eigenen Hände klatschen)
morgen wieder her. (dreimal mit beiden Händen in die Hände des Spielpartners klatschen)

Und eins, und zwei ...

„Und eins, und zwei ..." ist ein Schätzspiel, das ihr in ganz verschiedenen Varianten spielen könnt.

Und so gehts:
Ziel des Spiels ist es, mehr Autos als die anderen Mitspieler zu zählen. Zu Beginn sucht sich jedes Kind eine Farbe aus, nach der es Ausschau halten will. Achtet darauf, dass keine Farbe doppelt vergeben wird und dass alle Spieler entweder nur häufig vorkommende oder nur ganz exotische Farben (beispielsweise Orange, Gelb, Braun, Beige) auswählen.

Einer gibt das Startkommando: „Und eins, und zwei, und Autos zählen!" Jeder Spieler zählt nun laut alle vorbeifahrenden Fahrzeuge, die die von ihm gewählte Farbe tragen. Wer zuerst das zehnte Auto in seiner Farbe sichtet, ist der Gewinner.

Abwandlung:
Mit einer Stopp- oder Armbanduhr ausgestattet, könnt ihr auch auf Zeit spielen. Zuerst müsst ihr euch aber darauf einigen, was ihr zählen wollt. Das könnten zum Beispiel Verkehrsschilder, Reisebusse, grüne Autos oder Strommasten sein.

Jetzt darf jeder Spieler einen Tipp abgeben: Wie viele Verkehrsschilder werden wohl innerhalb der nächsten Minute am Wegrand auftauchen? Sobald jeder eine Zahl genannt hat, läuft die Zeit und alle zählen gemeinsam die Schilder.

Hat jemand mit seiner Schätzung genau ins Schwarze getroffen? Dann darf er sich feiern lassen! Ansonsten siegt der Spieler, dessen Tipp der richtigen Zahl am nächsten kommt.

Kilometerzählen

„Kilometerzählen" ist ein Spiel für lange Fahrten auf der Autobahn. Auch Schnellstraßen sind geeignet, falls es dort genügend Abfahrten gibt.

Und so gehts:
Hab ihr schon einmal beobachtet, was auf den Verkehrsschildern an Autobahnen steht? In bestimmten Abständen gibt es dort Schilder, die angeben, wie weit es noch bis zur nächsten Abfahrt, Baustelle oder zum nächsten Rasthof ist.

Haltet nach diesen Schildern Ausschau. Wenn eines am Horizont erscheint, lest laut vor, was darauf steht. Das kann zum Beispiel „Autohof 5 km" sein. Schließt die Augen in dem Moment, in dem ihr an dem Schild vorbeifahrt.

Wer glaubt, dass die gesuchte Distanz von fünf Kilometern überwunden ist, ruft laut und deutlich „Stopp!" und darf die Augen wieder öffnen. Wer sich hingegen sicher ist, dass noch einige Meter zu fahren sind, hält die Augen weiterhin geschlossen und gibt später einen Tipp ab.

Entscheidend ist es, die Abfahrt nicht zu verpassen! Der Spieler, der zuerst die Augen geöffnet hat, muss abwarten, ob ein anderes Kind noch näher am Zielpunkt „Stopp!" ruft.

Sobald ihr die Ausfahrt passiert habt, ist die Runde zu Ende. Diejenigen, die schon einen Tipp abgegeben haben, sagen: „Vorbei!". Dann müssen auch die anderen Spieler ihre Augen öffnen.

Sieger ist derjenige, der die Entfernung am besten einschätzen konnte. Keinen Gewinner gibt es, wenn alle Spieler den richtigen Moment verpasst haben.

Spiel für unterwegs

ab 8 Jahren

Spieler: 2–5

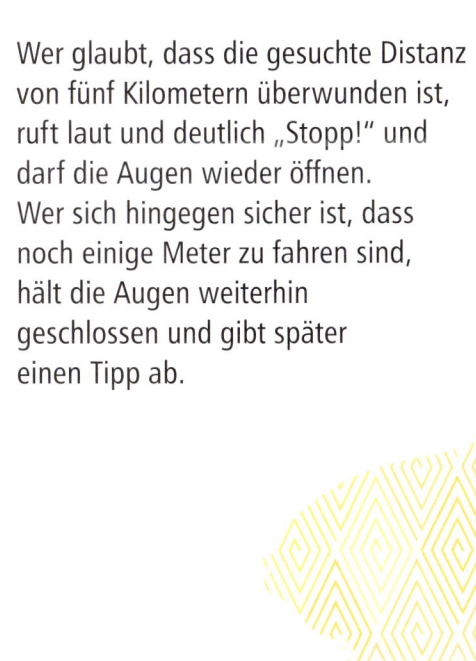

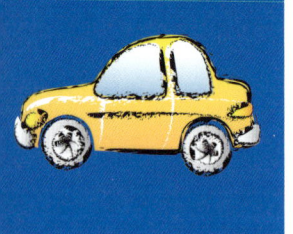

Stimmts oder stimmts nicht?

Spiel für unterwegs

ab 10 Jahren

Spieler: 2–5

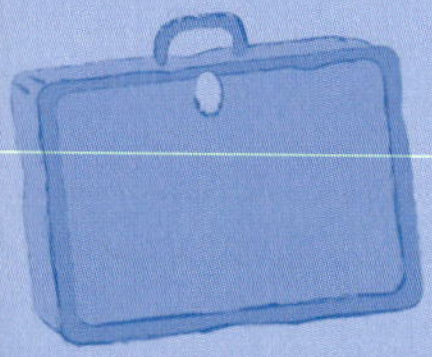

Habt ihr Lust, ein wenig zu knobeln? Bei diesem Spiel könnt ihr raten, diskutieren oder einfach nur staunen!

Und so gehts:
In diesem Spiel ist euer Wissen gefragt. Jeder Spieler überlegt sich drei Behauptungen, die wahr oder eine Lüge sein können. Wichtig ist, dass der Spieler die Antwort sicher kennt.

Das jüngste Kind darf zuerst eine Behauptung präsentieren. Sie könnte beispielsweise lauten: „Alle Vögel können fliegen!"

Die anderen Spieler überlegen, ob sie dieser Aussage zustimmen würden. Reihum ist jeder aufgefordert, einen Tipp abzugeben: Stimmts oder stimmts nicht?

Nachdem sich alle festgelegt haben, muss derjenige, der die Behauptung aufgestellt hat, die richtige Lösung nennen. Im Beispiel von oben wäre das: „Stimmt nicht!" Es gibt Vögel, die nicht fliegen können. Unter anderem sind der afrikanische Strauß oder der Pinguin flugunfähig!

Jeder Spieler, der „Stimmt nicht!" getippt hat, bekommt einen Punkt. Dann darf das zweitjüngste Kind eine Behauptung präsentieren. Wenn jeder dreimal an der Reihe war, ist das Spiel zu Ende. Wer die meisten richtigen Tipps abgegeben hat, ist der Champion!

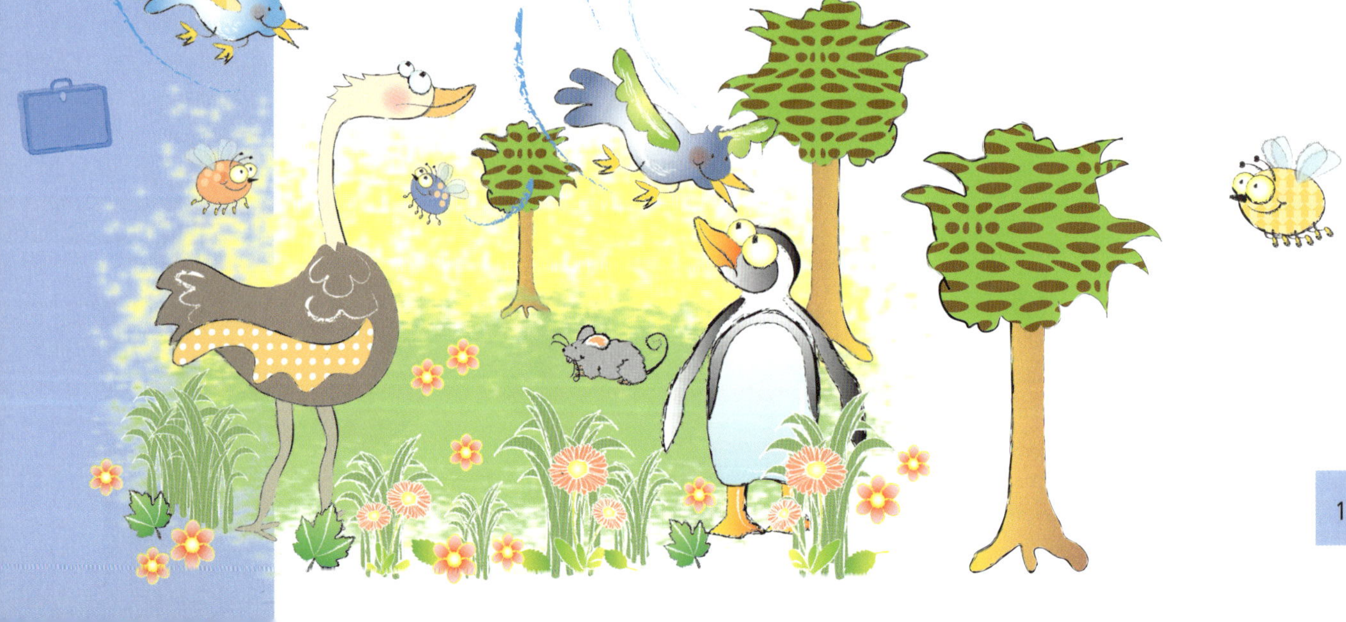

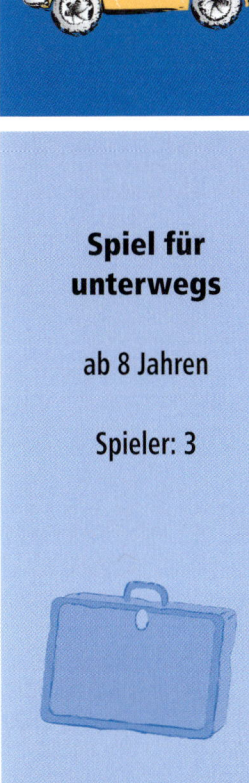

Wie bitte?

„Wie bitte?" ist ein ganz leises Spiel, denn es geht darum, sich ohne Worte zu verständigen.

Und so gehts:
Setzt euch in einer Reihe hintereinander. Die beiden äußeren Spieler sind einander zugewandt. Somit dreht das Kind in der Mitte automatisch einem Mitspieler den Rücken zu.

Derjenige, der dem Vordermann auf den Rücken schaut, ist der Sender. Er sucht sich einen Gegenstand aus der Umgebung aus. Das könnte zum Beispiel ein Rucksack sein.

Nun gibt er das Wort an den Vordermann weiter, indem er es Buchstabe für Buchstabe mit dem Finger auf den Rücken zeichnet: „R U C K S A C K!"

Nach jedem Buchstaben klopft der Sender dem Mitspieler auf die Schulter. Am Ende wird zweimal geklopft. Das Kind in der Mitte ist der Übermittler. Seine Aufgabe ist es, das Wort an den dritten Spieler, den Empfänger, weiterzugeben.

Doch dieses Mal wird das Wort nicht auf den Rücken gezeichnet. Der Übermittler „spricht" das Wort, wobei er die Lippen bewegen, aber keinen Ton von sich geben darf. Sein Mund muss jeden Buchstaben deutlich formen. Zwischen den einzelnen Buchstaben blinzelt der Übermittler einmal deutlich.

Dann gibt das dritte Kind einen Tipp ab. Hilfreich ist es natürlich, sich vorher noch einmal umzusehen. Das gesuchte Wort beschreibt ja einen Gegenstand in der Nähe!

War der Tipp richtig, wird getauscht. In der nächsten Runde darf der Empfänger einen Begriff auswählen, während der Sender den Platz in der Mitte einnimmt.

Ein Hut, ein Stock, ein Regenschirm

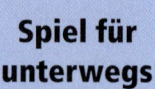

Jeder Spaziergang und jede Wanderung wird mit diesem Spiel zum Vergnügen!

Und so gehts:
Bei diesem Spiel müssen alle Spaziergänger im Gleichschritt marschieren und zu einem Vers bestimmte Bewegungen ausführen. Stellt euch, bevor ihr losgeht, nebeneinander auf und hakt euch unter. Und das ist der Vers:

„Und eins, und zwei, und drei, und vier, und fünf,
und sechs, und sieben, und acht, und neun, und zehn,
ein Hut, ein Stock, ein Regenschirm,
und vorwärts, rückwärts, seitwärts, ran!
Hacke, Spitze, Hacke, Spitze,
hoch das Bein!"

Sagt den Vers gemeinsam auf und marschiert dazu im Takt. Alle beginnen mit dem rechten Bein. Beim Wort „Hut" macht ihr eine Bewegung, als würdet ihr einen Hut zum Gruße vom Kopf nehmen. Bei „Regenschirm" tut ihr so, als hieltet ihr einen Schirm über den Kopf.

Die nächste Zeile des Verses gibt die Bewegung für den rechten Fuß vor: nach vorn tippen, nach hinten tippen, zur Seite und ran. Das heißt, ihr müsst mit dem Fuß im Wechsel den Boden mit der Hacke und der Spitze berühren. Zum Schluss heißt es: Hoch mit dem Bein!

Kaum ist der Reim zu Ende, geht es wieder von vorn los: „Und eins, und zwei, und drei ..."

Register